DEUTSCHE
BIBEL
GESELLSCHAFT

24 MAL ADVENT UND WEIHNACHTEN

MEIN BIBELTAGEBUCH

Inhaltsverzeichnis

ADVENT, ADVENT

Psalm 24,1-10

Der König der Herrlichkeit

1 VON DAVID, EIN PSALM.

Dem HERRN gehört die Erde mit allem, was sie erfüllt.
Ihm gehört das Festland mit seinen Bewohnern.
2 Denn über dem Meer hat er die Erde verankert,
über den Fluten der Urzeit macht er sie fest.

3 Wer darf hinaufziehen zum Berg des HERRN
und wer darf seinen heiligen Ort betreten?
4 Jeder, der mit schuldlosen Händen
und ehrlichem Herzen dort erscheint!
Jeder, der keine Verlogenheit kennt
und keinen Meineid schwört.
5 Wer das tut, wird Segen empfangen vom HERRN
und gerecht gesprochen von Gott, der ihm hilft.
6 Dies ist die Generation, die nach ihm fragt:
Sie suchen dein Angesicht, Gott Jakobs. SELA.

über dem Meer: Im Alten Orient gab es die Vorstellung, dass die Erde auf Pfeilern ruht, die im unterirdischen Meer verankert sind. Berg des HERRN: Der Berg Zion mit dem Tempel in Jerusalem. Meineid: Eine Lüge, die mit einem Schwur bekräftigt wird. Angesicht suchen: Wer mit einem Anliegen vor Gott treten darf, kann auf seine Hilfe hoffen. Sela: Zeichen zum Atemholen.

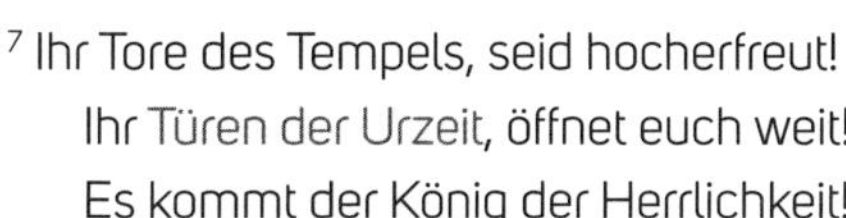

7 Ihr Tore des Tempels, seid hocherfreut!
Ihr Türen der Urzeit, öffnet euch weit!
Es kommt der König der Herrlichkeit!
8 Wer ist der König der Herrlichkeit?
Es ist der HERR – er ist stark und mächtig!
Es ist der HERR – er ist machtvoll im Kampf!
9 Ihr Tore des Tempels, seid hocherfreut!
Ihr Türen der Urzeit, öffnet euch weit!
Es kommt der König der Herrlichkeit!
10 Wer ist der König der Herrlichkeit?
Es ist der HERR der himmlischen Heere.
Er ist der König der Herrlichkeit! SELA.

Türen der Urzeit: Nach dieser Vorstellung wurden die Tore des Jerusalemer Tempels bereits geschaffen, als Gott die Welt gegründet hat. König: Ehrentitel für Gott, der als Herrscher der Welt verehrt wird und für Recht und Gerechtigkeit sorgt. himmlische Heere: Hebräisch *Zebaot*. Der Beiname bringt die ganze Fülle von Gottes Macht zum Ausdruck.

Eingeladen

Noch 24 Mal schlafen, dann kommt das Christkind. Damit die Zeit sich zumindest gefühlt verkürzt, öffnen Kinder jeden Tag ein Türchen des Adventskalenders. Zur Zeit des Psalmbeters David gibt es diesen noch nicht, dennoch ist er schon voller Hoffnung auf den, der da kommt.
Der Tempel ist nicht nur ein Gebäude, sondern er ist der Ort, an dem Gott selbst wohnt. Und es stellt sich die Frage, wen Gott dort besuchen kann. Die Einlasskontrolle ist streng: schuldlos, ehrlich und gottesfürchtig muss man sein. Doch nur einer erfüllt diese Voraussetzungen zu 100 Prozent. Es ist der König der Herrlichkeit, für den sich die Tore weit öffnen sollen. Um einem Gast im Orient zu zeigen, wie willkommen er ist, hat man Türen sogar aus den Angeln gehoben. Weiter konnte man sie wirklich nicht öffnen. Seitdem Jesus in diese Welt gekommen ist, haben sich die Tore zu Gottes Wohnung nie wieder verschlossen. Sein Einzug ist die Grundlage und die Einladung, damit wir durch diese Tür schreiten und bei Gott sein können.
Die nächsten 24 Tage ermöglichen ein Nachdenken über das Kommen von Jesus in diese Welt.

ADVENTSKALENDER
Der Adventskalender entstand im Laufe des 19. Jahrhunderts im deutschsprachigen Raum. Eine erste Form war ein Kalender mit Kreidestrichen: Ärmere, vor allem zunächst protestantische Familien schlossen sich dem neuen Brauch an und malten Kreidestriche an die Wand, die Schranktür oder den Türrahmen. Die Kinder durften bis zum Weihnachtsfest von den 24 Kreidestrichen jeden Tag einen Strich abwischen. Waren Wand, Tür oder Türrahmen wieder ohne Kreidestriche, war die Zeit von Heiligabend gekommen.

Mein Bibeltagebuch

Ihr Tore des Tempels, seid hocherfreut! Ihr Türen der Urzeit, öffnet euch weit! Es kommt der König der Herrlichkeit! Psalm 24,7

LICHTSTRAHLEN

Jesaja 9,1-6

Das große Licht und der neue Friedenskönig

1 Das Volk, das in der Finsternis lebt,
hat ein großes Licht gesehen.
Es scheint hell über denen,
die im düsteren Land wohnen.
2 Gott, du lässt sie laut jubeln,
du schenkst ihnen große Freude.
Sie freuen sich vor dir,
wie man sich bei der Ernte freut.
Sie jubeln wie beim Verteilen der Beute.
3 Zerbrochen hast du das drückende Joch,
die Stange auf ihrer Schulter
und den Schlagstock der Peiniger.
Es ist wie damals,
als die Midianiter besiegt wurden.
4 Verbrannt wird jeder Stiefel,
mit dem die Soldaten dröhnend marschierten.
Ins Feuer geworfen wird jeder Mantel,
der im Krieg mit Blut getränkt wurde.
5 Denn uns wurde ein Kind geboren,
ein Sohn ist uns geschenkt worden.
Ihm wurde die Herrschaft übertragen.
Er trägt die Namen: wunderbarer Ratgeber,
starker Gott, ewiger Vater, Friedefürst.

Joch: Holzbalken, der Tieren über den Nacken gelegt wird, um einen Wagen oder Pflug zu ziehen. Hier Bild für die assyrische Fremdherrschaft. Midianiter: Vom Sieg Israels über die Midianiter erzählt Richter 7,9-25. Namen: Solche Namen wurden dem König bei seiner Thronbesteigung verliehen. Sie stellen in gewisser Weise sein Regierungsprogramm dar.

6 Seine Herrschaft ist groß
und bringt Frieden ohne Ende.
Er regiert als König auf dem Thron Davids
und schafft Recht und Gerechtigkeit.
So festigt und stärkt er sein Königreich
jetzt und für immer.
Der HERR Zebaot bewirkt das
in seiner leidenschaftlichen Liebe.

Thron Davids: David wurde von Gott versprochen, dass immer ein Nachkomme aus seinem Königshaus in Jerusalem regieren wird; vgl. 2. Samuel 7,12-16.

Die Nacht ist vorbei

Krieg, Unrecht und Finsternis, das ist so oft Realität in unserer kleinen und großen Welt. Da fragt man sich unweigerlich, wann und wo endlich Frieden, Gerechtigkeit und Licht durchbrechen. Man könnte meinen, die Zeilen des Propheten sind leere Worte in einer Welt, in der sich doch nichts ändert. Denn das Volk Gottes lebt in der Fremde und wird von anderen beherrscht. Jesaja zeigt uns, was wahre Hoffnung bedeutet. Denn er trägt dieses Danklied als Gegenbild zur schwierigen Gegenwart vor. Er nimmt vorweg, was er erhofft: die Nacht ist vorbei, der Tag bricht an. Schon allein diese unerschütterliche Hoffnung vermag einen Funken Licht zu bringen. Sein Vertrauen ist deshalb so stark, weil er weiß, auf wen er hofft: auf den treuen Gott, der mitten in einem kleinen Stall, in aller Niedrigkeit ein kleines Kind in die Welt schickt, dessen Liebe alles verändert. Streit wird zu Versöhnung, Verlorenes wird gefunden und Verzweifelte finden Hoffnung. Die Realität wird neu. Was gibt mir Hoffnung?

IN LICHTGESCHWINDIGKEIT

Laut Einsteins Relativitätstheorie ist nichts schneller als das Licht. Die Lichtgeschwindigkeit beträgt im Vakuum rund 299.792.458 Meter pro Sekunde. Bei Berechnungen wird oft mit dem Näherungswert von 300.000 Kilometern pro Sekunde gearbeitet. Das Licht braucht demnach ca. 8,3 Minuten von der Sonne bis zur Erde. Vom Mond bis zur Erde sind es rund 1,3 Sekunden. Die Zahlen schwanken minimal, denn die zu überwindende Distanz variiert je nach aktuellem Abstand zwischen Mond und Erde bzw. Erde und Sonne.

Mein Bibeltagebuch

Das Volk, das in der Finsternis lebt, hat ein großes Licht gesehen.
Jesaja 9,1

3

GUTER HIRTE

Jeremia 23,1-8

Schlechte und gute Hirten

[1] Weh euch, ihr Hirten!
Ihr richtet die Schafe zugrunde
und treibt sie fort von meiner Weide.
– So lautet der Ausspruch des HERRN.
[2] Darum spricht der HERR, der Gott Israels,
zu den Hirten, die das Volk weiden:
Ihr habt meine Schafe auseinandergetrieben
und weit verstreut.
Ihr habt euch nicht um sie gekümmert.
Jetzt werde ich mich um euch kümmern!
Böses habt ihr getan.
– So lautet der Ausspruch des HERRN.

[3] Ich selbst will nun den Rest meiner Schafe sammeln.
Ich werde sie aus allen Ländern zusammenbringen,
in die ich sie vertrieben habe.
Ich werde sie zurück in ihr Weideland bringen.
Dort werden sie fruchtbar sein und sich vermehren.
[4] Ich werde neue Hirten einsetzen,
die sie weiden und beschützen.
Meine Schafe werden sich nicht mehr fürchten.
Nichts kann sie erschrecken,
und keines wird verloren gehen.
– So lautet der Ausspruch des HERRN.

Hirten: Bild für die religiös und politisch führenden Männer des Volkes, die für Ordnung und Schutz sorgen sollten. Schafe: Bild für das Volk Israel. Rest meiner Schafe: Hier Bild für den Teil des Volkes Israel, der Gottes Gericht überlebt. Gott sammelt sie wie ein Hirte und schenkt ihnen eine neue Zukunft. ihr Weideland: Bild für das Land, in dem das Volk unter Gottes Schutz leben soll. gerechter Spross: Junger Trieb, aus dem eine neue Pflanze

[5] Seht, es kommt eine Zeit,
in der ich für David einen Nachfolger einsetzen werde,
einen gerechten Spross.
– Ausspruch des HERRN –
Er wird als König herrschen und gut regieren.
Recht und Gerechtigkeit werden ihn auszeichnen,
und er wird sie im Land durchsetzen.
[6] Zu dieser Zeit wird Juda gerettet werden,
und Israel wird in Sicherheit leben.
Das wird der Name sein, den man ihm geben wird:
»Der HERR ist unsere Gerechtigkeit!«

[7] Seht, es kommt eine Zeit,
in der man Gott einen anderen Beinamen geben wird.
– Ausspruch des HERRN –
Dann sagt man beim Schwören nicht mehr:
»So gewiss der HERR lebt,
der die Israeliten aus Ägypten geführt hat!«
[8] Stattdessen wird man sagen:
»So gewiss der HERR lebt,
der die Nachkommenschaft Israels herausgeführt hat!
Er hat sie aus dem Land im Norden befreit.
Er hat sie aus allen Ländern zurückgebracht,
in die er sie vertrieben hatte.
Jetzt leben sie auf ihrem eigenen Land.«

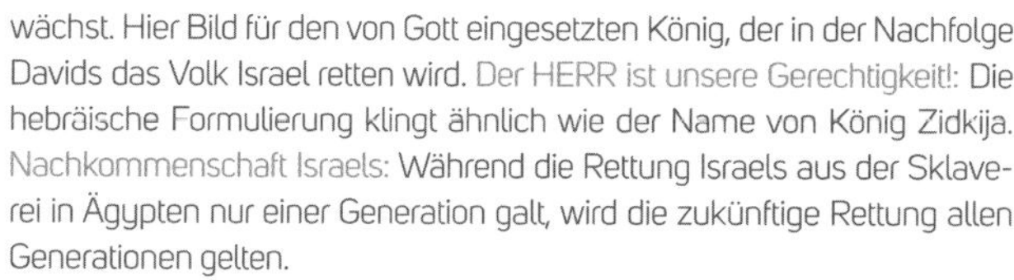

wächst. Hier Bild für den von Gott eingesetzten König, der in der Nachfolge Davids das Volk Israel retten wird. Der HERR ist unsere Gerechtigkeit!: Die hebräische Formulierung klingt ähnlich wie der Name von König Zidkija. Nachkommenschaft Israels: Während die Rettung Israels aus der Sklaverei in Ägypten nur einer Generation galt, wird die zukünftige Rettung allen Generationen gelten.

Ein guter Hirte

In der Bibel nehmen Geschichten von Hirten einen großen Raum ein. Abraham und seine Nachkommen lebten als Hirten und auch die beiden großen Führergestalten des Volkes Israel, Mose und David, waren Hirten. In den Psalmen und bei den Propheten wird Gott als der gute Hirte beschrieben, der für sein Volk sorgt. Zu Anfang des Lukasevangeliums wird berichtet, wie Hirten durch den Engel von der Geburt von Jesus erfahren. So werden gerade sie zu den ersten Zeugen der Geburt des erwarteten Retters. Im Neuen Testament wird das Bild des guten Hirten dann auch für Jesus gebraucht: Wie ein Hirte unter Einsatz seines Lebens für die Schafe sorgt, gibt Jesus sein Leben für die Menschen hin. Bei Jeremia erfahren wir aber auch von schlechten Hirten. Hirten, die ihre Schafe vernachlässigen und zerstreuen, anstatt sie zu schützen. Sie nehmen ihre Verantwortung nicht wahr und denken nur an sich selbst. Das bleibt vor Gott nicht verborgen. Seine Schafe verdienen bessere Hirten.

DER HIRTE IN DEUTSCHLAND

2016 wurden nach Angaben des Statistischen Bundesamts in Deutschland ca. 19.870 Schafhalterinnen und -halter gezählt. Welche davon hauptsächlich ihr Geld mit Schafen verdienen, wird in der Agrarstrukturerhebung jedoch nicht erfasst.
Der Deutsche Verband der Berufsschäfer e. V. hat daher festgelegt, dass Betriebe mit mehr als 300 Schafen beziehungsweise 250 Mutterschafen (höchstwahrscheinlich) Haupterwerbsabsichten haben. Nach dieser Definition gab es 2020 in Deutschland 925 Haupterwerbsschäfereien. Diese hielten 52 Prozent aller Schafe.

Mein Bibeltagebuch

Ich werde neue Hirten einsetzen, die sie weiden und beschützen. Meine Schafe werden sich nicht mehr fürchten. Nichts kann sie erschrecken, und keines wird verloren gehen. Jeremia 23,4

AUS BETLEHEM KOMMEND

Der Retter kommt aus Betlehem

1 Du aber, Betlehem Efrata, bist zu klein,
um zu den Landstädten Judas zu zählen.
Doch aus deiner Mitte soll einer kommen,
der Herrscher sein wird in Israel.
Seine Wurzeln reichen zurück bis in die Urzeit,
seine Herkunft steht von Anfang an fest.
2 – Darum wird die Not nur so lange anhalten,
bis eine Frau das Kind zur Welt gebracht hat.
Dann wird der Rest seiner Brüder heimkehren
zu den Menschen in Israel. –
3 Er wird auftreten und sein Volk weiden.
Dazu gibt ihm der HERR die Kraft und die Macht.
Sie liegt in dem Namen des HERRN, seines Gottes.
Dann wird man wieder sicher im Land wohnen können.
Denn seine Macht reicht bis zum Rand der Welt.

Betlehem: Ortschaft etwa 8 km südwestlich von Jerusalem und Geburtsort von König David. eine Frau: Anspielung auf die Ankündigung der Geburt eines Retters in Jesaja 7,14. weiden: Anspielung auf das Hirtenbild, das in der Antike für den König oder für Gott steht. Name Gottes: Steht für Gott selbst und seine Gegenwart, vor allem im Heiligtum. Assyrer: Militärische Großmacht, deren Kerngebiet im heutigen Irak lag.

4 Er wird sich für den Frieden stark machen.
Und wenn die Assyrer in unser Land einfallen
und unseren Boden betreten?
Dann wollen wir gegen sie sieben Herrscher aufstellen
und acht Bundesgenossen, die uns schützen.

Klein, aber nicht bedeutungslos

Zu klein, zu jung, zu unerfahren ... Wie oft wird der Mensch durch einen Mangel definiert und seine Möglichkeiten durch dieses Urteil von vornherein begrenzt? Der Prophet Micha stellt fest, dass Betlehem zu klein ist, um bei den mächtigen Städten im Land eine Rolle zu spielen. Ja, Betlehem ist ein kleines Kaff, aber mangelhaft oder unbedeutend ist es deshalb nicht. Denn von dort kommt der, der durch seine Kraft und Macht einen ganz neuen Frieden bringt. Ein wahrer Retter braucht nicht Prunk und Größe. Der Retter kommt in einem kleinen Ort zur Welt und verleiht ihm damit Bedeutung. Er sucht bewusst das Kleine, um seine Größe bis zum Rand der Welt auszubreiten. Dieser Herrscher gibt neue Perspektiven für die, die mit einem Mangel abgestempelt werden. Er verwandelt klein in groß, jung in reif und unerfahren in weise. Er kehrt die irdischen Maßstäbe um und zeigt, was wirklich Bedeutung hat! Wie kann dieser andersartige Herrscher meinen „Mangel" verwandeln?

BETLEHEM IM WESTJORDANLAND

Besucher:
ca. 3 Millionen Touristen besuchen diese „kleine" Ortschaft pro Jahr

Beliebtes Souvenir:
Walid Ayash ist der einzige lizensierte Tätowierer in der 30.000-Einwohner-Stadt. Motiv-Favorit ist allerdings nicht die Krippe oder das Jesus-Kind, sondern das Kreuz.

Mein Bibeltagebuch

Du aber, Betlehem Efrata, bist zu klein.
Micha 5,1

ZEICHEN IM ADVENT

Lukas 1,5-25

Die Geburt von Johannes dem Täufer wird angekündigt

5 Zu der Zeit, als Herodes König von Judäa war, lebte ein Priester mit Namen Zacharias. Er gehörte zur Priestergruppe des Abija. Seine Frau stammte von Aaron ab und hieß Elisabet. 6 Beide lebten gerecht vor Gott: Sie hielten sich in allem genau an die Gebote und Vorschriften des Herrn. 7 Aber sie hatten keine Kinder. Denn Elisabet konnte keine Kinder bekommen, und beide waren schon alt.

8 Einmal hatte Zacharias im Tempel Gottesdienst zu halten, weil seine Priestergruppe an der Reihe war. 9 Es war üblich, die Aufgaben der Priester durch das Los zu verteilen. Zacharias fiel das Räucheropfer zu, deshalb ging er in den Tempel des Herrn hinein.10 Die ganze Volksmenge betete draußen, während er das Räucheropfer darbrachte.

11 Da erschien ihm ein Engel des Herrn. Der stand auf der rechten Seite des Räucheraltars. 12 Als Zacharias ihn sah, erschrak er, und große Furcht überkam ihn. 13 Aber der Engel sagte zu ihm: »Fürchte dich nicht, Zacharias! Dein Gebet ist erhört worden. Deine Frau Elisabet wird dir einen Sohn schenken. Dem sollst du den Namen Johannes geben. 14 Du wirst dich freuen und jubeln. Ja, viele werden sich über seine Geburt freuen. 15 Der Herr hat ihn zu Großem bestimmt: Er wird auf Wein und Bier verzichten. Schon im Mutterleib wird Gott ihn mit dem Heiligen Geist erfüllen. 16 Viele aus dem Volk Israel wird er zurückbringen zum Herrn, ihrem Gott.

Herodes der Große: König über Judäa, Samarien, Galiläa und die angrenzenden Gebiete (37–4 v. Chr.). Aaron: Bruder von Mose und erster Hohepriester Israels. Er gilt in der Bibel als Stammvater der Priester. gerecht, Gerechtigkeit: Meint ein Leben nach dem Willen Gottes. Herr: Bezeichnung für Gott. Das griechische Alte Testament verwendet das Wort »Herr« an den Stellen, an denen im hebräischen Text der Gottesname steht. Priestergruppe: 1. Chronik 24,7-19 zufolge gab es im Tempel 24 Priestergruppen, die

17 Er wird dem Herrn als Bote vorausgehen – im gleichen
Geist und mit der gleichen Kraft wie der Prophet Elija.
Die Herzen der Väter wird er den Kindern zuwenden.
Ungehorsame wird er dazu bringen, vor Gott gerecht zu
handeln und zu denken. So wird er ein Volk zum Herrn
bringen, das für ihn bereit ist.« 18 Da sagte Zacharias
zu dem Engel: »Woran kann ich erkennen, dass es so
kommt? Denn ich bin ein alter Mann, und auch meine
Frau ist schon alt.« 19 Der Engel antwortete: »Ich bin
Gabriel, der vor Gott steht. Gott hat mich gesandt, um mit
dir zu reden und dir diese gute Nachricht zu bringen.
20 Doch nun höre: Du wirst stumm sein und nicht reden
können bis zu dem Tag, an dem das eintrifft. Denn du hast
meinen Worten nicht geglaubt. Sie werden aber in Erfüllung gehen, wenn die Zeit dafür gekommen ist.«

21 Das Volk wartete auf Zacharias. Es wunderte sich, weil
er so lange im Tempel blieb. 22 Als er dann herauskam,
konnte er nicht zu ihnen sprechen. Da erkannten sie, dass
er im Tempel eine Erscheinung gehabt hatte. Er gab ihnen
Zeichen, blieb aber stumm. 23 Als die Zeit seines Priester-
dienstes vorüber war, kehrte er nach Hause zurück. 24 Bald
darauf wurde seine Frau Elisabet schwanger. Sie zog sich
fünf Monate lang völlig zurück. Sie sagte: 25 »Das hat der
Herr an mir getan. Jetzt hat er sich um mich gekümmert
und mich von der Verachtung der Menschen befreit.«

zweimal im Jahr je eine Woche für den Gottesdienst verantwortlich waren. **Elija:** Prophet, der am Ende seines Lebens direkt von Gott in den Himmel geholt wurde. Sein Wiederkommen wird als Zeichen für das beginnende Gericht Gottes erwartet, vgl. Maleachi 3,23. **Gabriel:** Einer der obersten Engel in der himmlischen Ratsversammlung. **Verachtung:** Kinderlosigkeit galt als Zeichen dafür, dass eine Frau von Gott nicht gesegnet war.

Den Zeichen folgen

Wenn ein wichtiges Ereignis ansteht, mehren sich vorab die Zeichen. Und wenn die Art der Zeichen, von denen im Bibeltext berichtet wird, einen Rückschluss auf die Bedeutsamkeit des nahenden Ereignisses zulässt, steht Großes bevor. Einem greisen, kinderlosen Ehepaar prophezeit ein Engel Gottes die späte Erfüllung ihres sehnlichsten Gebetswunsches: Sie sollen einen Sohn bekommen. Angesichts der biologischen Voraussetzungen grenzt dies bereits an ein Wunder. Aber nicht nur das: Ein Auserwählter Gottes soll er sein, dessen Bedeutung an die des großen Propheten Elija heranreicht. Sein Name: Johannes. Was für eine Freude! Was für ein großes Ereignis!

Tatsächlich ist Johannes selber ein Zeichen. Ein Vorzeichen. Ein Hinweis auf ein noch größeres nahendes Ereignis. Ein Vorbote. Wie groß muss das Ereignis sein, wenn der Vorbote für das Ereignis bereits in dieser Weise angekündigt wird? Weltbewegend!

ZEICHEN IM ADVENT

Wenn der ganze Kommerz nicht wäre, dann könnte die Adventszeit eine ruhige und besinnliche Zeit sein ... so denken wir manchmal. Ein Gutes hat die hohe kommerzielle Aufmerksamkeit: Sie schafft Möglichkeiten, anhand der vielen Vorzeichen den eigentlichen Inhalt der Advents- und Weihnachtszeit zu entdecken. Nun braucht es nur noch die geeigneten Anregungen, die Botschaften der Zeichen zu erschließen.

Mein Bibeltagebuch

Er wird dem Herrn als Bote vorausgehen – im gleichen Geist und in der gleichen Kraft wie der Prophet Elija. Lukas 1,17

MARIA

Lukas 1,26-38

Die Geburt von Jesus wird angekündigt

26 Elisabet war im sechsten Monat schwanger.
Da schickte Gott den Engel Gabriel zu einer Jungfrau
in die Stadt Nazaret in Galiläa.
27 Sie war mit einem Mann verlobt,
der Josef hieß und ein Nachkomme Davids war.
Die Jungfrau hieß Maria.
28 Der Engel trat bei ihr ein und sagte:
»Sei gegrüßt! Gott hat dir seine Gnade geschenkt.
Der Herr ist mit dir.«
29 Maria erschrak über diese Worte
und fragte sich: »Was hat dieser Gruß zu bedeuten?«

30 Da sagte der Engel zu ihr:
»Fürchte dich nicht, Maria.
Gott schenkt dir seine Gnade:
31 Du wirst schwanger werden
und einen Sohn zur Welt bringen.
Dem sollst du den Namen Jesus geben.
32 Er ist zu Großem bestimmt
und wird ›Sohn des Höchsten‹ genannt werden.
Gott, der Herr, wird ihm den Thron
seines Vorfahren David geben.
33 Er wird für immer als König herrschen
über die Nachkommen Jakobs.
Seine Herrschaft wird niemals aufhören.«

Verlobung: Macht die Verbindung zwischen Mann und Frau rechtsgültig, ohne dass diese bereits zusammenleben. Gnade: Liebevolle Zuwendung Gottes, die er den Menschen ohne Vorbedingung schenkt. der Höchste: Titel für Gott, der eng mit dem Tempel in Jerusalem verbunden ist. David: David ist ein bedeutender König von Israel. Nachdem das Königreich untergegangen war, hoffte man auf einen Nachkommen Davids als Retter und

34 Da sagte Maria zu dem Engel:
»Wie soll das möglich sein?
Ich habe doch noch nie mit einem Mann geschlafen!«
35 Der Engel antwortete:
»Der Heilige Geist wird auf dich kommen.
Die Kraft des Höchsten
wird dieses Wunder in dir bewirken.
Deshalb wird das Kind, das du erwartest, heilig sein
und ›Sohn Gottes‹ genannt werden.
36 Sieh doch: Auch Elisabet, deine Verwandte,
erwartet einen Sohn trotz ihres hohen Alters.
Sie ist jetzt im sechsten Monat schwanger,
und dabei hieß es: Sie kann keine Kinder bekommen.
37 Für Gott ist nichts unmöglich.«
38 Da sagte Maria: »Ich diene dem Herrn.
Es soll an mir geschehen, was du gesagt hast.«
Da verließ sie der Engel.

Erlöser Israels; vgl. 2. Samuel 7,12-16. Nachkommen Jakobs: Bezeichnung für das Volk Israel. Der Stammvater Jakob wird in 1. Mose/Genesis 32,29 in Israel umbenannt. Heiliger Geist: Kraft, durch die Gott in der Welt wirkt. Sohn Gottes: Titel, der das besondere Vertrauensverhältnis eines Menschen zu Gott zum Ausdruck bringt. Im Neuen Testament wird der Titel ausschließlich für Jesus verwendet.

Die Ankündigung der Geburt Jesu

Die Botschaft des Engels Gabriel mit der Ankündigung der Geburt Jesu ist eine Wucht. Wir kennen diese Bibelstelle und auch das bekannte Sprichwort, das daraus entstanden ist, „wie die Jungfrau zum Kind". Das Kommen von Gottes Sohn ist eine Botschaft an uns alle. Zu Recht. Und sie wird bereits in der Begrüßung des Engels an Maria sichtbar. „Sei gegrüßt! Gott hat dir seine Gnade geschenkt. Der Herr ist mit dir." Allgemeine, fast geläufige Worte. Doch nicht für Maria. In der damaligen Gesellschaft galt dieser Gruß alleine Männern und Frauen wurden nicht begrüßt, denn sie hatten keinen großen Stellenwert in der Männergesellschaft. Gott sieht das anders. Daher erschrickt Maria auch, denn ihr muss bewusst geworden sein, dass ein Bote mit dieser Begrüßung eine herausragende Nachricht bringt. Gott sieht alle. Gott kommt zu uns und findet uns. Seine Botschaft ist universell und richtet sich nicht an nur ein Geschlecht. Er wird nicht Mann oder Frau. Gott wird Mensch.

DIE MUTTER ALS HELDIN
Maria vertraut dem Engel, der ihr eine ganz und gar unglaubliche Schwangerschaft ankündigt. Ihrem Sohn steht sie bei. Auch in seiner schwersten Stunde, als er den grausamen Tod am Kreuz erleidet, bleibt sie in seiner Nähe.

Mein Bibeltagebuch

Fürchte dich nicht, Maria. Gott schenkt dir seine Gnade.
Lukas 1,30

MARIA UND ELISABET

Maria besucht Elisabet

39 Bald danach machte sich Maria auf den Weg.
So schnell sie konnte, wanderte sie
zu einer Stadt im Bergland von Judäa.
40 Dort ging sie in das Haus von Zacharias
und begrüßte Elisabet.
41 Als Elisabet den Gruß von Maria hörte,
sprang das Kind vor Freude in ihrem Bauch.
Elisabet wurde vom Heiligen Geist erfüllt
42 und rief mit lauter Stimme:
»Gesegnet bist du unter allen Frauen
und gesegnet ist das Kind in deinem Bauch!
43 Wie komme ich zu der Ehre,
dass die Mutter meines Herrn mich besucht?
44 Als ich deinen Gruß hörte,
sprang das Kind vor Freude in meinem Bauch.
45 Glückselig bist du, denn du hast geglaubt:
Was der Herr versprochen hat, geht in Erfüllung.«

Segen, segnen: Wer einen anderen Menschen segnet, bittet Gott, dem Gesegneten Kraft, Leben und Wohlergehen zu schenken. Herr: Titel für Jesus Christus. Im griechischen Alten Testament steht das Wort »Herr« an den Stellen, an denen im hebräischen Text der Gottesname steht. Wenn Jesus Christus so genannt wird, kommt darin zum Ausdruck: In ihm begegnet Gott selbst den Menschen.

Maria lobt Gott

46 Da sagte Maria:
»Ich lobe den Herrn aus tiefstem Herzen.
47 Alles in mir jubelt vor Freude
über Gott, meinen Retter.
48 Denn er wendet sich mir zu,
obwohl ich nur seine unbedeutende Dienerin bin.
Von jetzt an werden mich alle Generationen
glückselig preisen.
49 Denn Gott, der mächtig ist, hat Großes an mir getan.
Sein Name ist heilig.
50 Er ist barmherzig zu denen, die ihm Ehre erweisen –
von Generation zu Generation.
51 Er hebt seinen starken Arm
und fegt die Überheblichen hinweg.
52 Er stürzt die Machthaber vom Thron
und hebt die Unbedeutenden empor.
53 Er füllt den Hungernden die Hände mit guten Gaben
und schickt die Reichen mit leeren Händen fort.
54 Er kommt seinem Diener Israel zu Hilfe
und erinnert sich an seine Barmherzigkeit.
55 So hat er es unseren Vorfahren versprochen:
Abraham und seinen Nachkommen für alle Zeit!«
56 Maria blieb etwa drei Monate bei Elisabet.
Dann kehrte sie nach Hause zurück.

unbedeutende Dienerin: Selbstbezeichnung, durch die Maria zum Ausdruck bringt, wie klein sie sich Gott gegenüber fühlt. glückselig preisen: Wegen ihres Sohnes Jesus Christus werden die Menschen aller kommenden Generationen Maria ehren. Abraham: Stammvater des Volkes Israel, vgl. 1. Mose/Genesis 12–25.

Voller Erwartung

Jede Mutter möchte glauben, dass ihr Kind etwas ganz Besonderes ist. Im Fall von Maria trifft das definitiv zu. Das erkennt auch Elisabet sofort, eine Verwandte von Maria, die ebenfalls schwanger ist. Auch ihr Kind ist besonders, denn ihr Sohn ist Johannes, der Täufer, der auf Jesus hinweisen wird. Aber beide Schwangeren wissen, dass das Kind, dass Maria erwartet, nicht nur ihr Leben, sondern das Leben aller Menschen verändert. Mit dieser Gewissheit singt Maria ein Lied, das beschreibt, wie Gott die Machtverhältnisse umkehrt: Machthaber stürzen vom Thron und Unbedeutende steigen empor. Maria glaubt, dass sich alles ändern kann, für sie und für das Volk Israel. Sie vertraut Gott. 30 Jahre später muss sie erleben, wie ihr Sohn dafür am Kreuz stirbt. Doch selbst das ist nicht unumstößlich. Der Sohn Gottes besiegt den Tod. Wie könnten wir also nicht voller Erwartung auf die Geburt dieses besonderen Kindes schauen? Welche Erwartungen habe ich an Gott?

NOMEN EST OMEN

Der Name Jesus war lange Zeit in Deutschland als Vorname unzulässig. Das Frankfurter Oberlandesgericht hatte 1998 in einem entsprechenden Verfahren jedoch keine Einwände.

Mein Bibeltagebuch

Glückselig bist du, denn du hast geglaubt: Was der Herr versprochen hat, geht in Erfüllung. Lukas 1,45

SCHUTZBEFOHLEN

Lukas 1,57-66

Johannes wird geboren

57 Für Elisabet kam die Zeit der Geburt,
und sie brachte einen Sohn zur Welt.
58 Ihre Nachbarn und Verwandten hörten,
dass der Herr
ihr so große Barmherzigkeit erwiesen hatte.
Sie freuten sich mit ihr.
59 Als das Kind acht Tage alt war,
kamen sie zur Beschneidung.
Sie wollten ihm den Namen
seines Vaters Zacharias geben.
60 Aber seine Mutter widersprach:
»Nein, er soll Johannes heißen!«
61 Sie hielten ihr entgegen:
»Es gibt niemanden in deiner Verwandtschaft,
der so heißt.«
62 Da fragten sie seinen Vater durch Zeichen:
»Wie soll er heißen?«
63 Er verlangte ein Wachstäfelchen und schrieb:
»Er heißt Johannes.«
Darüber wunderten sich alle.
64 Im selben Augenblick konnte Zacharias wieder sprechen.
Da begann er, Gott zu loben.

Beschneidung: Das Abtrennen der Vorhaut am männlichen Glied ist für Israel Zeichen des Bundes zwischen Gott und seinem Volk. Johannes: Der Name bedeutet übersetzt »Gott ist gnädig«. Wachstäfelchen: Kleine, mit Wachs beschichtete Holztafel, die zur Zeit des Neuen Testaments für kurze Notizen benutzt wurde.

65 Große Furcht überkam alle,
die aus der Nachbarschaft gekommen waren.
Im ganzen Bergland von Judäa sprach sich herum,
was geschehen war.
66 Alle, die davon hörten, fragten sich:
»Was wird aus diesem Kind einmal werden?«
Denn offensichtlich stand es
unter dem besonderen Schutz des Herrn.

Erste Worte

Wenn ein Kleinkind die ersten Worte spricht, ist dies eine große Sache. Die Eltern sind entzückt und nicht selten wissen sie auch nach Jahren noch, welche ersten Worte ihr Kind gesprochen hat. Aber hier geht es nicht um die ersten Worte des Kleinkinds, sondern um die seines Vaters. Etwa 300 Tage war Zacharias stumm. Und seine ersten Worte danach? Zacharias lobt Gott (Verse 68-79). Angesichts der zeichenreichen Vorgeschichte und des wundersamen Wirkens Gottes wundert das nicht wirklich: ein altes Ehepaar bekommt den ersehnten Nachwuchs; das Kind bekommt einen gottgewählten Namen; der Vater kann plötzlich wieder sprechen. Das sorgt für Aufmerksamkeit, Verwunderung und (Gottes-) Furcht weit über die Verwandtschaft hinaus. Denn eines wird deutlich: Das ist kein gewöhnliches Kind. Das ist kein alltägliches Geschehen. Hier geschieht Verheißungsvolles. Hier ist Gott am Werk.

LETZTE WORTE

„Der muss anhalten. Er wird uns sehen." James Dean

„Macht doch den zweiten Fensterladen auch auf, damit mehr Licht hereinkomme." Johann Wolfgang von Goethe

„Ich hätte nie von Scotch auf Martinis umsteigen sollen." Humphrey Bogart

„Es ist vollbracht." Jesus

Mein Bibeltagebuch

Im selben Augenblick konnte Zacharias wieder sprechen. Da begann er, Gott zu loben. Lukas 1,64

LOBGESANG

Lukas 1,67-80

Zacharias lobt Gott

67 Da wurde Zacharias, der Vater von Johannes,
vom Heiligen Geist erfüllt.
Er begann wie ein Prophet zu reden:

68 »Gelobt sei der Herr, der Gott Israels!
Denn er ist seinem Volk zu Hilfe gekommen
und hat es erlöst.
69 Er hat uns einen starken Retter gesandt,
einen Nachkommen seines Dieners David.
70 So hat Gott es von jeher angekündigt
durch den Mund seiner heiligen Propheten –
71 einen Retter, der uns befreit von unseren Feinden
und aus der Gewalt aller, die uns hassen.
72 Damit hat Gott auch unseren Vorfahren
seine Barmherzigkeit erwiesen.
Er hat an den heiligen Bund gedacht,
den er mit ihnen geschlossen hat.
73 Ja, er hat an den Eid gedacht,
den er unserem Vater Abraham geschworen hat:
74 uns aus der Hand von Feinden zu retten.
Dann können wir ohne Angst Gott dienen
75 unser Leben lang –
in seiner Gegenwart
als Menschen, die heilig und gerecht sind.

Prophet: Verkündet, was Gott in einer bestimmten Situation zu sagen hat. David: David ist ein bedeutender König von Israel. Nachdem das Königreich untergegangen war, hoffte man auf einen Nachkommen Davids als Retter und Erlöser Israels; vgl. 2. Samuel 7,12-16. Bund: 1. Mose/Genesis 17 er-

[76] Und du, Kind,
wirst ein Prophet des Höchsten genannt werden.
Du wirst dem Herrn vorangehen
und den Weg für ihn bereit machen.
[77] Du schenkst seinem Volk die Erkenntnis,
dass der Herr es retten will
und ihm die Schuld vergibt.
[78] Unser Gott hat ein Herz voll Erbarmen.
Darum kommt uns das Licht aus der Höhe zur Hilfe.
[79] Es leuchtet denen,
die im Dunkel und im Schatten des Todes leben.
Es lenkt unsere Füße auf den Weg des Friedens.«

[80] Johannes wuchs heran
und wurde zu einem verständigen Menschen.
Er lebte in der Wüste bis zu dem Tag,
an dem er öffentlich in Israel auftrat.

zählt davon, dass Gott mit Abraham, dem Stammvater Israels, einen Bund schließt. heilig: Menschen oder Dinge, die zu Gott gehören und mit ihm in Verbindung stehen. Schuld: Konkrete Verfehlungen, die von Gott trennen und das Gewissen belasten können.

Gelobt sei Gott

Nach mehr als neun Monaten Schweigen bricht es aus dem alten Mann hervor. Mehr als 300 Tage hat er Zeit gehabt, das Unfassbare zu verarbeiten, was ihm und seiner nicht minder betagten Frau Elisabeth widerfahren ist: der Tempel, der Engel, die Verheißung, in diesem Alter doch noch ein Kind zu bekommen. Und nun ist es tatsächlich geschehen: Ihr Sohn Johannes ist geboren worden. Was sagt einer wie Zacharias dazu? Er lobt Gott. Wer sich den Lobgesang von Zacharias genauer ansieht, muss sich wundern. Denn um das wunderbare Geschehen der Geburt von Johannes geht es zuerst gar nicht. Es geht um den, der nach Johannes geboren werden wird. Den, den Johannes ankündigen und für den er den Weg bereiten soll. Zuerst geht es Zacharias um den Gottessohn, um Jesus, um den starken Retter, den Gott seinem Volk zur Erlösung schickt. Erst in den letzten Versen des Lobgesangs findet Sohn Johannes Erwähnung. Bescheidenheit? Vornehme Zurückhaltung? Nein. Zacharias weiß bei aller Freude über seinen Sohn die Bedeutung des Gotteshandelns richtig zu gewichten. Gott wird Mensch. Es gibt nichts, was wichtiger wäre.

ANLEITUNG ZUM SCHWEIGE-GEBET

1. Sich Zeit nehmen

2. Sich in eine konzentrierte Position begeben, Augen schließen, auf die Atmung achten

3. Äußerlich und innerlich zur Ruhe kommen

4. Aufkommende Gedanken und Fragen aufziehen und weiterziehen lassen

5. Auf die Stille und auf Gott hören

Mein Bibeltagebuch

Unser Gott hat ein Herz voll Erbarmen.
Lukas 1,78

IN WINDELN GEWICKELT

Lukas 2,1-20

Jesus wird geboren

1 Zu derselben Zeit befahl Kaiser Augustus, im ganzen
Römischen Reich eine Volkszählung durchzuführen.
2 Es war die erste Volkszählung. Sie fand statt,
als Quirinius römischer Statthalter in Syrien war.
3 Da machten sich alle auf, um sich in die Steuerlisten eintragen zu lassen – jeder in seine Heimatstadt.
4 Auch Josef ging von der Stadt Nazaret in Galiläa
nach Judäa. Sein Ziel war die Stadt Betlehem, aus der
David kam. Denn er stammte von David ab.
5 In Betlehem wollte er sich eintragen lassen zusammen mit
Maria, seiner Verlobten. Maria war schwanger.
6 Während sie dort waren, kam die Zeit der Geburt.
7 Maria brachte ihren ersten Sohn zur Welt.
Sie wickelte ihn in Windeln und legte ihn in eine Futterkrippe. Denn sie hatten in der Herberge keinen Platz gefunden.

Die Engel verkünden die Geburt von Jesus

8 In der Gegend von Betlehem waren Hirten draußen auf
den Feldern. Sie hielten in der Nacht Wache bei ihrer Herde.
9 Auf einmal trat ein Engel des Herrn zu ihnen,
und die Herrlichkeit des Herrn umstrahlte sie.
Die Hirten erschraken und große Furcht erfasste sie.
10 Der Engel sagte zu ihnen: »Fürchtet euch nicht!
Hört doch: Ich bringe euch eine gute Nachricht,
die dem ganzen Volk große Freude bereiten wird.

Augustus: Regierte von 30 v. Chr. bis 14 n. Chr. als Kaiser über das Römische Reich. römischer Statthalter: Verwalter einer Region oder Provinz im Auftrag des römischen Senats oder des Kaisers. Betlehem: Ortschaft etwa 8 km südwestlich von Jerusalem. Micha 5,1-3 zufolge wird der zukünftige Retter der Welt und Herrscher über Israel aus dieser Stadt kommen. Herrlichkeit: Bezeichnet das, was einer Person Ansehen und Macht verleiht.

11 Denn heute ist in der Stadt Davids für euch der Retter
geboren worden: Er ist Christus, der Herr.
12 Und dies ist das Zeichen, an dem ihr das alles erkennt:
Ihr werdet ein neugeborenes Kind finden. Es ist in Windeln
gewickelt und liegt in einer Futterkrippe.«
13 Plötzlich war der Engel umgeben vom ganzen
himmlischen Heer der Engel. Die lobten Gott und riefen:
14 »Gottes Herrlichkeit erfüllt die Himmelshöhe! Sein Frieden
kommt auf die Erde zu den Menschen, denen er sich in
Liebe zuwendet!«

Die Hirten kommen zu Jesus

15 Die Engel verließen die Hirten und kehrten in den Himmel
zurück. Da sagten die Hirten zueinander:
»Kommt, wir gehen nach Betlehem! Wir wollen sehen,
was da geschehen ist und was der Herr uns mitgeteilt hat!«
16 Die Hirten liefen hin, so schnell sie konnten. Sie fanden
Maria und Josef und das neugeborene Kind, das in der
Futterkrippe lag.
17 Als sie das sahen, erzählten sie,
was ihnen der Engel über dieses Kind gesagt hatte.
18 Alle, die es hörten, staunten über das, was ihnen die
Hirten berichteten.
19 Aber Maria merkte sich alle ihre Worte und bewegte sie in
ihrem Herzen.
20 Die Hirten kehrten wieder zurück. Sie priesen und lobten
Gott für das, was sie gehört und gesehen hatten. Es war
alles genau so, wie es ihnen der Engel gesagt hatte.

Gottes Herrlichkeit stellt man sich auch als strahlenden Lichtglanz vor.
Christus: Bedeutet übersetzt »der Gesalbte«. Im Alten Testament werden Könige, aber auch Propheten und Priester bei Amtsantritt gesalbt. Später wird der von Gott zum Herrscher der Welt bestimmte Retter so genannt. Im Neuen Testament ist das Jesus.

Blick in die Krippe

Was haben die Menschen damals gesehen, als sie das neugeborene Kind im Futtertrog angeschaut haben? Maria und Josef. Die Hirten von den Feldern. Die sternkundigen Mächtigen aus dem Osten. Die Menschen aus den umliegenden Häusern. Gewiss: Die Vorzeichen waren beeindruckend. Ein Engel Gottes verkündete Maria, dass sie den Sohn Gottes empfangen und zur Welt bringen wird. Ein Stern strahlte hell über dem Ort, an dem Jesus geboren wird. Die Verheißungen waren vielversprechend. Ein Messias. Ein Erlöser. Ein Befreier. Ein Friedensstifter. Aber was haben die Menschen gesehen? Lag dort im Futtertrog in ihren Augen ein neuer Herrscher, der mit großer Macht die Ungerechtigkeiten in der Welt bekämpft? Ein kommender Befreier, der mit starkem Arm die römische Besatzungsmacht überwindet und dem jüdischen Volk Freiheit und Frieden bringt? Ein zukünftiger Erlöser, der mit lauter Stimme dafür sorgt, dass Gottes Reich Gestalt gewinnt? Und was sehe ich, wenn ich das neugeborene Kind in der Krippe anschaue?

DER CHRISTSTOLLEN

Symbolcharakter:
Der mit Puderzucker bestreute Stollen erinnert an das in Windeln gewickelte Gotteskind.

Rosinen-Rekord:
2,8 Millionen Rosinen im Christstollen des Dresdner Jubiläumsstollenfestes 2013.

Geschmackssache:
Mit oder ohne Marzipan?

Mein Bibeltagebuch

Sie priesen und lobten Gott für das, was sie gehört und gesehen hatten.
Lukas 2,20

11

WARTEN LOHNT SICH

Jesus wird in den Tempel gebracht

[21] Nach acht Tagen war es Zeit, das Kind zu beschneiden.
Es bekam den Namen »Jesus«. So hatte es der Engel bestimmt,
noch bevor Jesus im Mutterleib empfangen wurde.
[22] Die Zeit ihrer Reinigung war vorbei, so wie sie im Gesetz des Mose
festgelegt ist. Da gingen Maria und Josef mit Jesus nach Jerusalem. Sie wollten das Kind im Tempel zum Herrn bringen.
[23] So schreibt es das Gesetz des Herrn vor: »Alle Erstgeborenen
sind mir heilig! Deshalb sollt ihr mir jeden Sohn übergeben, der als
erster geboren wird.« [24] Zugleich brachten sie das Reinigungsopfer
dar, wie es im Gesetz des Herrn vorgeschrieben ist: ein Paar Turtel-
tauben oder zwei junge Tauben.

Simeon und Hanna erkennen in Jesus den Retter

[25] Damals lebte in Jerusalem ein Mann namens Simeon. Er lebte
gerecht vor Gott und vertraute ganz auf ihn. So wartete er auf den
Trost, den Gott Israel schickt. Der Heilige Geist leitete ihn.
[26] Durch den Heiligen Geist hatte Gott ihn wissen lassen: »Du wirst
nicht sterben, bevor du den Christus des Herrn gesehen hast.«
[27] Jetzt drängte ihn der Heilige Geist, in den Tempel zu gehen. Gerade brachten auch die Eltern ihr Kind Jesus dorthin. Sie wollten die
Vorschriften erfüllen, die im Gesetz für ihr Kind vorgesehen sind.

[28] Simeon nahm das Kind auf den Arm. Er lobte Gott und sagte:
[29] »Herr, jetzt kann dein Diener in Frieden sterben, wie du es versprochen hast. [30] Denn mit eigenen Augen habe ich gesehen:
Von dir kommt die Rettung. [31] Alle Welt soll sie sehen – [32] ein Licht,

Beschneidung: Das Abtrennen der Vorhaut am männlichen Glied ist für Israel Zeichen des Bundes zwischen Gott und seinem Volk. Zeit ihrer Reinigung: In der ersten Zeit nach der Geburt eines Kindes galt eine Frau als unrein und sollte nicht am religiösen und gesellschaftlichen Leben teilnehmen, vgl. 3. Mose/Levitikus 12. Gesetz des Mose: Im Neuen Testament übliche Bezeichnung für die fünf Bücher Mose. gerecht, Gerechtigkeit: Meint ein Leben nach dem Willen Gottes. Trost: Mit Worten, wie sie sich beispielsweise in Jesaja 40,1-2 finden, wird Israel Trost und die Befreiung von Leid und Fremdherrschaft angekündigt. Zur Zeit von Jesus ist diese Hoffnung mit einer als Retter erwarteten Person verbunden, die die römische Fremdherrschaft beendet. Heiliger Geist: Kraft, durch die Gott in der Welt wirkt.

das für die Völker leuchtet und deine Herrlichkeit aufscheinen lässt
über deinem Volk Israel.«

33 Der Vater und die Mutter von Jesus staunten über das, was
Simeon über das Kind sagte. 34 Simeon segnete sie und sagte zu
Maria, der Mutter von Jesus: »Dieses Kind ist dazu bestimmt, in
Israel viele zu Fall zu bringen und viele aufzurichten. Es wird ein
Zeichen Gottes sein, dem viele sich widersetzen. 35 So soll ans Licht
kommen, was viele im Innersten denken. Und für dich, Maria, wird
es sein, als ob ein Schwert deine Seele durchbohrt.«

36 Es war auch eine Prophetin im Tempel. Sie hieß Hanna und war
eine Tochter Penuels aus dem Stamm Ascher. Hanna war schon
sehr alt. Nach ihrer Hochzeit war sie sieben Jahre mit ihrem Mann
verheiratet gewesen. 37 Seitdem war sie Witwe und nun vierund-
achtzig Jahre alt. Sie verließ den Tempel nicht mehr und diente
Gott Tag und Nacht mit Fasten und Beten. 38 Jetzt kam sie dazu
und lobte Gott. Dann erzählte sie allen von dem Kind, die auf die
Rettung Jerusalems warteten.

Jesus und seine Eltern kehren nach Nazaret zurück

39 Josef und Maria erfüllten im Tempel alle Vorschriften, die das
Gesetz des Herrn vorsieht. Dann kehrten sie nach Galiläa zurück in
ihre Heimatstadt Nazaret.
40 Jesus wuchs heran. Er war ein kräftiges Kind. Gott schenkte ihm
immer mehr Weisheit, und seine Gnade begleitete ihn.

Christus: Bedeutet übersetzt »der Gesalbte«. Im Alten Testament werden Könige, aber auch Propheten und Priester bei Amtsantritt gesalbt. Später wird der von Gott zum Herrscher der Welt bestimmte Retter so genannt. Im Neuen Testament ist das Jesus. Segen, segnen: Wer einen anderen Menschen segnet, bittet Gott, dem Gesegneten Kraft, Leben und Wohlergehen zu schenken. Stämme Israels: Israel versteht sich als Verband von zwölf Stämmen, die auf die Nachkommen der Söhne Jakobs zurückgehen. Jerusalem: Als Zentrum des religiösen und kulturellen Lebens steht Jerusalem hier stellvertretend für das ganze Volk Israel. Gesetz: Die Lebensvorschriften des Alten Testaments, besonders die fünf Bücher Mose. Gnade: Liebevolle Zuwendung Gottes, die er den Menschen ohne Vorbedingung schenkt.

Das lange Warten hat ein Ende

Die Wartezeit bis zum Heiligen Abend im Advent ist überschaubar. 24 Tage. Das ist ein vergleichsweise kurzer Zeitabschnitt des Wartens auf die Ankunft des Gottessohnes. Da haben andere länger warten müssen. Simeon zum Beispiel oder Hanna. Simeon wartet bereits Zeit seines Lebens. Und Hanna vermutlich ebenso lange, auch wenn bei ihr das „Warten" nicht ausdrücklich erwähnt wird. Es ist erstaunlich, was über die beiden Senioren ausgesagt wird: Simeon, lebt gerecht vor Gott, vertraut ganz auf ihn, vom Heiligen Geist geleitet, vom Heiligen Geist gedrängt. Hanna, lebt im Tempel, dient Gott Tag und Nacht mit Fasten und Beten. Simeon und Hanna werden zu frühen, glaubwürdigen Zeugen für die „Christusdimension" des Neugeborenen. Sie erkennen in dem Jesuskind den versprochenen Retter Gottes. Das Warten hat sich gelohnt.

WARTEZEIT

Wenn in einem Kreuzworträtsel nach einer „Wartezeit" gefragt wird, sind in der Regel folgende Lösungen möglich: Frist, Pause, Karenz, Übergang, Karenzzeit, Sperrfrist, Galgenfrist, Durststrecke, Überbrückung, Übergangszeit. Welcher Begriff trifft mein Verständnis von Wartezeit am besten?

Mein Bibeltagebuch

Herr, jetzt kann dein Diener in Frieden sterben, wie du es versprochen hast. Denn mit eigenen Augen habe ich gesehen: Von dir kommt die Rettung.
Lukas 2,29-30

GOTT UND SEIN KÖNIG

Psalm 2,1-12

Gott und sein König

1 Warum sind die Völker in Aufruhr geraten?
Wozu schmieden die Nationen sinnlose Pläne?
2 Die Könige der Welt erheben sich.
Und die Fürsten tun sich zusammen
gegen den HERRN und seinen Gesalbten:
3 »Lasst uns ihre Fesseln zerreißen!
Lasst uns ihre Stricke durchtrennen,
dann können wir das Joch abwerfen!«
4 Doch der im Himmel wohnt, lacht darüber.
Der Herr spottet über ihr Tun.
5 Und wenn die Zeit gekommen ist,
wird er voller Zorn zu ihnen sprechen.
Mit seiner Wut wird er sie erschrecken:
6 »Ich selbst habe meinen König eingesetzt
auf dem Zion, meinem heiligen Berg!«

7 Sein König wird bekannt geben,
was der HERR beschlossen hat:
»Er sagte zu mir: Du bist mein Sohn,
heute habe ich dich geboren!
8 Wenn du mich bittest,
mache ich die fremden Völker zu deinem Eigentum.
Die fernsten Länder der Erde gebe ich dir zum Besitz.
9 Mit eisernem Herrscherstab sollst du sie zerschlagen.
Wie Tongefäße sollst du sie in Stücke schlagen.«

Gesalbter: Hebräisch Messias. Bezeichnet den im Auftrag Gottes eingesetzten König Israels, später auch den zum Herrscher der Welt bestimmten Retter. Joch: Holzbalken, der Tieren über den Nacken gelegt wird, um einen Wagen oder Pflug zu ziehen. Hier Bild für die Herrschaft Gottes, die von den fremden Völkern als Last empfunden wird. Zion: Tempelberg von Jerusalem, aber auch Bezeichnung für die ganze Stadt. sein König: Jetzt verkündet der zum König eingesetzte Gesalbte, was ihm Gott zugesagt hat.

10 Darum, ihr Könige, kommt zur Einsicht!
Lasst euch warnen, ihr Herrscher der Welt!
11 Unterwerft euch dem HERRN mit Furcht
12 und küsst ihm die Füße mit Zittern!
Sonst wird er zornig werden,
und ihr werdet umkommen auf dem Weg.
Denn nur zu leicht entflammt sein Zorn.
Glücklich sind alle, die bei ihm Zuflucht suchen!

geboren: Das hebräische Wort kann sowohl »geboren« als auch »gezeugt« bedeuten. Die Thronbesteigung wird als Geburtstag des Königs gefeiert. Gott hat ihn als seinen Sohn angenommen. Füße küssen: Geste der Unterwerfung gegenüber dem König. Der hebräische Text ist hier nicht eindeutig. Zuflucht: Ort, der Schutz bietet. Oft werden Gott oder sein Tempel als Zufluchtsort genannt.

Doppeldeutig

Kennen Sie Kippbilder? Das sind Bilder, die man auf mehrere Arten interpretieren kann. Meist können zwei verschiedene Motive in einem Kippbild gesehen werden. Das bekannteste Beispiel ist die „alte oder junge Frau". Der doppelte Blick auf den Text erschließt zwei Deutungsebenen. Dem Psalmisten geht es auf den ersten Blick um eine Warnung an die Feinde, den „Gesalbten Gottes", den von Gott eingesetzten König in Jerusalem herauszufordern. Auf den zweiten Blick verbindet sich nach dem Ende des Königtums in Jerusalem die Erwartung einer weitreichenden Herrschaft (Vers 8) mit der Gestalt eines Königs des Heils, dem Messias. Seine Herrschaft zeichnet sich als Gegenentwurf zur streitbaren weltlichen Gegebenheit (Vers 9) durch Frieden aus. So sagt es der Prophet Sacharja voraus: „Wenn die Waffen des Krieges zerbrochen sind, wird euer König Frieden stiften unter den Völkern." (Sacharja 9,10) Das Neue Testament sieht die Erwartung in Jesus Christus erfüllt.

NAMEN FÜR DEN MESSIAS

- wunderbarer Ratgeber
- starker Gott
- ewiger Vater
- Friedefürst

(alle: Jesaja 9,5)

Mein Bibeltagebuch

Ich selbst habe meinen König eingesetzt auf dem Zion, meinem heiligen Berg! Psalm 2,6

FRÜHLINGS-ERWACHEN

Jesaja 11,1-9

Der kommende Friedensherrscher

1 Aus dem Baumstumpf Isais wächst ein Spross hervor.
Ein Trieb aus seiner Wurzel bringt neue Frucht.
2 Auf ihm ruht der Geist des HERRN:
Der schenkt ihm Weisheit und Einsicht,
Rat und Stärke, Erkenntnis und Ehrfurcht vor dem HERRN.
3 Ja, er hat Freude daran, den HERRN zu fürchten.
Er urteilt nicht nach dem Augenschein
und entscheidet nicht nach dem Hörensagen.
4 Er ist gerecht und sorgt dafür,
dass die Schwachen zu ihrem Recht kommen.
Er ist aufrichtig und trifft Entscheidungen
zugunsten der Armen im Land.
Sein Wort trifft den Gewalttäter wie ein Stock.
Er tötet den Frevler mit einem Hauch,
der über seine Lippen kommt.
5 Gerechtigkeit begleitet ihn wie der Gürtel um seine Hüften,
Treue wie ein Band um seinen Leib.
6 Dann ist der Wolf beim Lamm zu Gast,
und der Leopard liegt neben dem Böckchen.
Ein Kalb und ein junger Löwe grasen miteinander,
ein kleiner Junge hütet sie.
7 Kuh und Bär weiden zusammen,
ihre Jungen liegen nebeneinander.
Der Löwe frisst Stroh wie das Rind.

Baumstumpf Isais: Bild für die Herkunft des kommenden Friedensherrschers aus der Familie von König David. Isai war der Vater Davids. Geist Gottes: Kraft, durch die Gott in der Welt wirkt. Frevler: Menschen, die Gottes Gebote missachten und ihre eigenen Interessen gewaltsam durchsetzen.

8 Ein Säugling spielt am Loch der Natter.
Ein kleines Kind streckt seine Hand aus
über der Höhle der Giftschlange.
9 Man tut nichts Böses und begeht kein Verbrechen
auf meinem ganzen heiligen Berg.
Denn das Land ist erfüllt von Erkenntnis des HERRN,
so wie das Meer voll Wasser ist.

Natter: In Israel beheimatete, giftige Schlangenart. heiliger Berg: Meint den Berg Zion, auf dem der Tempel in Jerusalem steht.

Hoffnung auf den Frühling der Welt

Ein starkes Motiv: Aus dem Baumstumpf grünt ein neuer Trieb hervor. Das macht sich nicht nur auf Postkarten gut, sondern eignet sich als aussagekräftiges Bild für die Hoffnung des Volkes Israel und der ganzen Welt. Ein Friedensherrscher kommt. Der Prophet Jesaja malt dem bedrängten Volk Israel kein abstraktes Bild unrealistischer Sehnsucht vor Augen, sondern stellt den Hoffnungsträger konkret vor: ein Nachkomme Isais (Vater von David), aus der Familie von König David, mit dem Geist Gottes ausgestattet ... allein dies würde ausreichen, die Hoffnung zu begründen. Doch Jesaja geht weit über diese Personenbeschreibung hinaus. Bild über Bild zeichnet er eine Vision des kommenden Reiches Gottes, das mit dem Friedensherrscher Gestalt gewinnen wird. Eine heile Welt. „Man tut nichts Böses und begeht keine Verbrechen ..." (Vers 9). Zu schön, um wahr zu sein? Angesichts von Krieg und Gewalt, Leid und Trauer hat sich bis heute nichts an der Hoffnung auf das (Wieder-)Kommen des Friedensherrschers geändert.

FRÜHLING IM WINTER

Im Brauchtum rund um Weihnachten findet sich wieder, was aufblüht und grünt:

- Weihnachtsbaum
- Christrose
- Weihnachtsstern
- Adventskranz
- Mistelzweig
- Barbarazweige

Mein Bibeltagebuch

____

____

____

____

____

____

Aus dem Baumstumpf Isais wächst ein Spross hervor.
Ein Trieb aus seiner Wurzel bringt neue Frucht. Jesaja 11,1

14

HEIMKEHR

Jesaja 35,1-10

Die Befreiten kehren heim

[1] Die Wüste und das dürre Land werden fröhlich sein.
Die Steppe wird jubeln und blühen wie eine Lilie.
[2] Sie steht in voller Blüte und jubelt,
sie jubelt und jauchzt vor Freude.
Sie wird so herrlich sein wie der Libanon,
so prächtig wie der Karmel und die Scharon-Ebene.
Alle werden die Herrlichkeit des HERRN sehen,
die Pracht unseres Gottes erblicken.

[3] Macht die müden Hände wieder stark
und die weichen Knie wieder fest.
[4] Sagt denen, die den Mut verloren haben:
»Seid stark und habt keine Angst!
Seht, das ist euer Gott!
Er übt Vergeltung und schafft Recht.
Er selbst kommt, um euch zu befreien.«

[5] Dann gehen den Blinden die Augen auf,
und die Ohren der Tauben werden geöffnet.
[6] Der Gelähmte springt wie ein Hirsch,
der Stumme jubelt aus vollem Hals.
In der Wüste brechen Quellen auf,
und Bäche bewässern die Steppe.
[7] Der glühende Sand wird zu einem Teich,
in der Dürre sprudeln frische Wasserquellen.
Wo einst die Schakale hausten,
wachsen Gras, Schilf und Papyrus.

Libanon, Karmel, Scharon-Ebene: Fruchtbare Gebiete an den Grenzen von Israel. Herrlichkeit: Bezeichnet das, was einer Person Ansehen und Macht verleiht. Gottes Herrlichkeit stellt man sich auch als strahlenden Lichtglanz vor. Schakal: Nachtaktiver Wildhund, der in der unbewohnten Steppe lebt. Papyrus: Pflanze, die vor allem an Flüssen wächst und bis zu 5 m hoch wird. Straße: Gedacht ist an eine Verbindungsstraße zwischen Babylon

[8] Eine Straße wird dort verlaufen,
die wird man den »heiligen Weg« nennen.
Kein Unreiner wird sie betreten.
Sie gehört denen, die auf dem rechten Weg sind.
Selbst Unwissende gehen nicht in die Irre.
[9] Auf dieser Straße gibt es keinen Löwen,
kein Raubtier ist auf ihr zu finden.
Nur die erlösten Menschen sind dort unterwegs.
[10] Alle, die der HERR befreit hat,
kehren jubelnd zum Berg Zion zurück.
Grenzenlose Freude steht ihnen ins Gesicht geschrieben.
Jubel und Freude stellen sich ein,
Sorgen und Seufzen sind für immer verschwunden.

und Jerusalem, auf der die Juden, die in der Verbannung in Babylonien lebten, in ihre Heimat zurückkehren können. unrein: Bezeichnet Menschen, Tiere und Dinge, die aus unterschiedlichen Gründen nicht dafür vorbereitet sind, in der Nähe Gottes zu sein. Zion: Tempelberg von Jerusalem, aber auch Bezeichnung für die ganze Stadt.

Zurück in die Heimat

Flucht und Vertreibung aus der Heimat sind für viele Menschen überall auf der Welt traurige Wirklichkeit. Frisch sind die Bilder in unseren Köpfen von den Geflüchteten aus der Ukraine, präsent die Meldungen über Migrationsbewegungen in den Nachrichten. Es fällt schwer, zu verstehen, was der Verlust von Heimat bedeutet und nachzuvollziehen, wie sich die Aufgabe des vertrauten Lebens anfühlt. Den heimatlosen Menschen aus dem Volk Israel, die nach Babylonien verschleppt worden waren, gilt die Botschaft des Propheten Jesaja. Die starken Bilder der Hoffnung machen auch das Ausmaß der Trauer und des Leids durch den Verlust der Heimat sichtbar. Die Hoffnung auf Heimkehr eint. Sie gilt allen, die sich nach Heimkehr sehnen: den Menschen aus dem Volk Israel damals, den Heimatlosen heute und denen, die sich nach der himmlischen Heimat sehnen.

MENSCHEN OHNE HEIMAT

Laut Flüchtlingswerk der Vereinten Nationen hat die Zahl der Menschen, die gezwungen sind, vor Konflikten, Gewalt, Menschenrechtsverletzungen und Verfolgung zu fliehen, im Jahr 2022 zum ersten Mal in der Geschichte die erschütternde Marke von 100 Millionen überschritten. Mehr als ein Prozent aller Menschen sind damit heimatlos.

Mein Bibeltagebuch

Jubel und Freude stellen sich ein, Sorgen und Seufzen sind für immer verschwunden. Jesaja 35,10

TROST

Jesaja 40,1-11

Jerusalem wird getröstet

1 »Tröstet, tröstet mein Volk!«,
spricht euer Gott.
2 Redet herzlich mit Jerusalem,
sagt über die Stadt:
»Ihre Leidenszeit ist zu Ende,
ihre Schuld ist restlos abgezahlt.
Denn für all ihre Vergehen
wurde sie vom HERRN doppelt bestraft.«

3 Eine Stimme ruft:
»Bahnt in der Wüste einen Weg für den HERRN!
Ebnet unserem Gott in der Steppe eine Straße!
4 Alle Täler sollen aufgefüllt werden,
Berge und Hügel abgetragen.
Das wellige Gelände soll eben werden
und das hügelige Land flach.
5 Der HERR wird in seiner Herrlichkeit erscheinen,
alle Menschen miteinander werden es sehen.
Denn der HERR selbst hat es gesagt.«

6 Eine Stimme spricht: »Verkünde!«
Ich fragte: »Was soll ich verkünden?
Alle Menschen sind doch wie Gras.
In ihrer ganzen Schönheit gleichen sie
den Blumen auf dem Feld.
7 Das Gras verdorrt, die Blume verwelkt,
wenn der Wind des HERRN darüberweht.
Nichts als Gras ist das Volk!«

tröstet: Der Trost besteht in der Hoffnung, dass Gott Hilfe schickt. Jerusalem: Hauptstadt und Regierungssitz der Könige aus dem Haus David in Juda. 586 v. Chr. von den Babyloniern zerstört. Leidenszeit: Meint die Zeit seit der Zerstörung Jerusalems durch Nebukadnezzar II. 586 v. Chr. Im Anschluss daran wurden viele Bewohner in die Verbannung nach Babylonien geführt, vgl. 2. Könige 25. Schuld: Die Zerstörung Jerusalems und die Verbannung nach Babylonien werden als Strafe für Israels fehlerhaftes Verhalten Gott

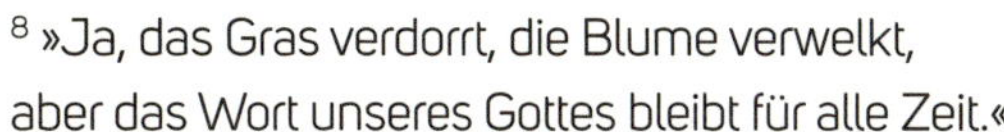

8 »Ja, das Gras verdorrt, die Blume verwelkt,
aber das Wort unseres Gottes bleibt für alle Zeit.«

9 Steig auf einen hohen Berg,
du Freudenbotin für die Stadt Zion!
Verkünde deine Botschaft mit kraftvoller Stimme,
du Freudenbotin für Jerusalem!
Verkünde sie, hab keine Angst!
Sprich zu den Städten Judas:
»Seht, da kommt euer Gott!
10 Seht, Gott, der HERR!
Er kommt mit aller Macht
und herrscht mit starker Hand.
Seht, mit ihm kommt sein Volk!
Die er befreit hat, ziehen vor ihm her.
11 Wie ein Hirte weidet er seine Herde:
Die Lämmer nimmt er auf seinen Arm
und trägt sie an seiner Brust.
Die Muttertiere führt er sicher.«

gegenüber gedeutet. Weg: Gedacht ist an eine Verbindungsstraße zwischen Babylon und Jerusalem, auf der die Judäer, die in der Verbannung in Babylonien lebten, in ihre Heimat zurückkehren können. Zion: Tempelberg von Jerusalem, aber auch Bezeichnung für die ganze Stadt. sein Volk: Gemeint sind die in die Verbannung nach Babylon verschleppten Judäer, die dort in Unfreiheit lebten. Hirte: Verantwortlich für den Schutz und Bestand der Herde. In der Antike steht das Hirtenbild oft für den König oder für Gott.

Ein tröstendes Wort

Plötzlich ist es soweit. Das lange Warten, das Ausharren und Hoffen trifft auf ein positives Signal: Rettung wird greifbar – Gott will kommen. Das Volk Israels erreichen mitten im Exil und der Jahre der Entbehrung und Hoffnungslosigkeit Worte des Trostes, die neuen Mut schenken. Die Leidenszeit ist zu Ende, denn Gott wird sie befreien. Ihre Wirklichkeit muss nicht und wird nicht immer so bleiben, wie sie jetzt ist. Ankunft naht. Advent. Eine Zeit, in der sich der Weg und das Ziel vereinen. Auch unsere Adventszeit steht nicht für sich alleine, sondern zielt auf Weihnachten hin. Wir gehen durch eine Zeit der Vorbereitungen, die zwar erfüllend, aber auch stressig sein kann. Nicht jede und jeder hat familiären Anschluss und diese Entbehrungen können sich intensiver anfühlen, wenn die gesellschaftliche Erwartung ein anderes Bild zeichnet. Daher ist Advent auch eine Zeit des Trostes. Wir sind angenommen und umsorgt. Gott kommt, wird Mensch und gibt uns ein Zuhause.

ADVENTSKRANZ

Der Adventskranz wurde 1839 von dem evangelisch-lutherischen Theologen Johann Hinrich Wichern eingeführt: Wichern betreute in Armut lebende Kinder, die während der Adventszeit immer fragten, wann denn endlich Weihnachten sei. Daher baute er aus einem alten Wagenrad einen Holzkranz mit 19 kleinen roten und vier großen weißen Kerzen für die Sonntage bis Weihnachten. Jeden Tag der Adventszeit wurde nun eine weitere Kerze angezündet, sodass die Kinder die Tage bis Weihnachten abzählen konnten. Diesen schönen Brauch führen wir heute an den Adventssonntagen weiter.

Mein Bibeltagebuch

Wie ein Hirte weidet er seine Herde: Die Lämmer nimmt er auf seinen Arm und trägt sie an seiner Brust. Die Muttertiere führt er sicher. Jesaja 40,11

FROHE BOTSCHAFT

Jesaja 52,7-10

Der Freudenbote kommt

7 Wie schön!
Der Freudenbote kommt über die Berge gelaufen!
Er bringt eine gute Nachricht
und verkündet Frieden und Rettung.
Er ruft Zion zu: »Dein Gott herrscht als König.«
8 Hört ihr es?
Die Wächter der Stadt rufen laut,
sie jubeln alle vor Freude.
Denn sie sehen mit eigenen Augen,
wie der HERR nach Zion zurückkehrt.
9 Brecht in Freudengeschrei aus und jubelt miteinander,
ihr Trümmer Jerusalems!
Denn der HERR tröstet sein Volk,
er befreit Jerusalem.
10 Der HERR zeigt seine Macht vor den Augen aller Völker.
Sogar in den fernsten Ländern der Erde sieht man,
dass unser Gott uns rettet.

Zion: Tempelberg von Jerusalem, aber auch Bezeichnung für die ganze Stadt.

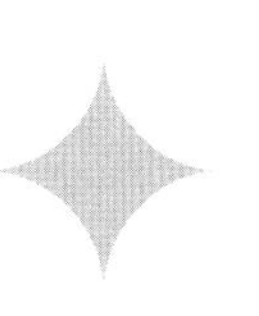

Vorfreude

Es ist nicht mehr von der Hand zu weisen: Weihnachten steht vor der Tür. Die Vorbereitungen laufen auf Hochtouren, die meisten Geschenke sind gekauft oder gebastelt und der Weihnachtsurlaub schon lange eingereicht. Fröhliche Vorweihnachtsfreude macht sich breit. Inmitten des Tumults und der Vorfreude fällt es leicht, beschwingt zu sein. Weihnachten kommt – das sehen wir, wir fühlen es über die kommenden Tage mit Plätzchen, Stollen, Weihnachtsgans und Co. Das macht uns gewiss. Aber was, wenn das Umfeld nicht mit Glanz und Gloria überzogen ist und man dagegen mitten in Trümmern steht? Ist es dann nicht paradox, gar unmöglich, zu jubeln? Die gute Nachricht, die Jerusalem erreicht, erreicht auch die Trümmer. Sie werden nicht ignoriert oder vergessen. Gott erwartet keine heile Welt. Gott lässt in den Trümmern vielmehr etwas Neues entstehen. Ein neues Leben, das uns Mut und Hoffnung schenkt.

FRÜHER WAR MEHR LAMETTA

Goldene und silberne Lametta-Fäden waren ein Muss am Weihnachtsbaum und sorgten wie kaum ein anderer Baumschmuck für Weihnachtsstimmung. Die goldene, gekräuselte Variante des Lamettas wird als „Engelshaar" bezeichnet und erinnert an den Engel, der den Hirten auf den Feldern nahe Betlehem die gute Nachricht von der Geburt Jesu überbrachte. Das erste – rein silberne – Lametta wurde 1878 in Nürnberg gefertigt. Ende des 20. Jahrhunderts kam Goldlametta dazu.

Mein Bibeltagebuch

Brecht in Freudengeschrei aus und jubelt miteinander, ihr Trümmer Jerusalems! Denn der Herr tröstet sein Volk, er befreit Jerusalem. Jesaja 52,9

GLANZLICHT

Jesaja 60,1-7.19-22

Jerusalem erstrahlt in Gottes Licht

1 Erhebe dich, Jerusalem, und leuchte!
Denn ein Licht ist über dir aufgegangen:
Der herrliche Glanz des HERRN erstrahlt über dir.
2 Noch liegt Finsternis über der Erde,
Dunkelheit bedeckt die Völker.
Doch über dir erstrahlt der HERR,
sein herrlicher Glanz scheint auf dich.
3 Völker wandern zu dem Licht,
das über dir aufgegangen ist.
Könige machen sich auf zu dem Glanz,
in dem du strahlst.

4 Schau dich um und sieh, was um dich herum geschieht:
Alle haben sich versammelt und kommen zu dir!
Deine Söhne kommen aus der Ferne,
deine Töchter werden auf dem Arm herbeigetragen.
5 Wenn du das siehst, strahlst du vor Freude.
Dein Herz schlägt höher und geht dir auf.
Denn übers Meer bringt man Schätze herbei,
der Reichtum der Völker strömt zu dir.
6 Karawanen von Kamelen ziehen durch dein Land,
sie kommen aus Midian und Efa.
Die Leute aus Saba bringen Gold und Weihrauch,
freudig rühmen sie die Taten des HERRN.
7 Schafe aus Kedar werden in Scharen herangetrieben,
Widder aus Nebajot stehen dir zur Verfügung.
Sie werden auf meinem Altar dargebracht als Opfer,
an denen ich meine Freude habe.
Meinen Tempel schmücke ich herrlich aus.

Jerusalem: Die Stadt Jerusalem wird als Frau angesprochen. Die Bewohner sind ihre Kinder. Weihrauch: Harz des Weihrauchbaums. Es wird beim Räucheropfer in bronzenen Pfannen verbrannt und verbreitet einen wohlriechenden Duft.

[19] Du brauchst am Tag kein Sonnenlicht mehr,
der Mond muss nicht mehr für dich leuchten.
Denn der HERR selbst ist für immer dein Licht.
Der Glanz deines Gottes leuchtet für dich.
[20] Dann geht die Sonne bei dir nie mehr unter,
der Mond nimmt nicht mehr ab.
Denn der HERR selbst ist für immer dein Licht.
Die Zeit der Trauer ist vorbei.

[21] Dein Volk besteht aus lauter Gerechten,
sie werden das Land für immer besitzen.
Sie sprießen wie Pflanzen, die ich selbst gesetzt habe.
Sie sind mein Werk, das meine Herrlichkeit zeigt.
[22] Aus der kleinsten Familie werden tausend Menschen,
aus der geringsten wird ein großes Volk.
Wenn die Zeit gekommen ist,
führe ich, der HERR, das alles ganz schnell herbei.

Gerechte: Menschen, die Gottes Gebote befolgen, sodass das Leben in Gemeinschaft miteinander gelingt.

Lichterglanz

Es sind jedes Jahr von neuem eindrückliche Momente: die erste Kerze auf dem Adventskranz entzünden, die Lichtgirlande im Fenster einschalten, die Beleuchtung auf dem Weihnachtsbaum erstrahlen lassen. Wer sich fragt, warum „Licht" in der Advents- und Weihnachtszeit von zentraler Bedeutung ist, entdeckt im Bibeltext Antworten. In den Versen findet sich eine Vielzahl von Beschreibungs- und Wortvarianten rund um das zentrale Thema: Wo Gott ist, ist es hell. Dabei vertreibt Gottes Leuchtkraft nicht nur alle Dunkelheit, sondern strahlt auf die ab, die in seiner Gegenwart sind. Wie ein Leuchtturm zieht Gottes Licht die an, die der Dunkelheit entfliehen wollen. Der Lichterreichtum im Advent ist nicht nur ein wohltuender Trost in der dunklen Jahreszeit, sondern auch ein Zeichen der Hoffnung angesichts aller Dunkelheit der Welt. Im Neuen Testament sind es die Sterndeuter, die dem Licht folgen und das Kind in der Krippe finden. Und Jesus selbst bezeichnet sich als das Licht der Welt (Johannes 8,12).

KERZENVERBRAUCH
Die meisten Kerzen werden europaweit in Dänemark verbraucht. Pro Kopf und Jahr sind es durchschnittlich sechs Kilogramm. Es wundert nicht, dass das dänische Wort für Spielverderber „lyseslukker" lautet: „der, der die Kerzen ausmacht".

Mein Bibeltagebuch

Denn der HERR selbst ist für immer dein Licht.
Jesaja 60,20

DER NEUE BUND

Jeremia 31,1-6.31-34

[1] So lautet der Ausspruch des HERRN:
Dann werde ich für alle Menschen in Israel Gott sein,
und sie werden mein Volk sein.

Für die Verschleppten aus dem Nordreich gibt es Hoffnung

[2] So spricht der HERR:
Das Volk, das dem Schwert entkommen ist,
hat Gnade gefunden in der Wüste.
Israel zieht zum Ort seiner Ruhe.

[3] Ja, der HERR ist mir, Israel, erschienen.
Von weit her ist er gekommen und versichert mir:
Mit ewiger Liebe habe ich dich geliebt
und habe dir die Treue gehalten.
[4] Ich werde dich wieder aufbauen.
Ja, dir wird geholfen, Jungfrau Israel!
Deine Trommeln wirst du wieder hervorholen
und Schmuck zum Fest anlegen.
Fröhlich werdet ihr zusammen tanzen.
[5] Du wirst wieder Weinberge pflanzen,
auf Samarias Bergen wirst du sie anlegen.
Ja, wer pflanzt, der wird auch ernten können!
[6] Denn die Zeit wird kommen,
dass die Wächter auf dem Gebirge Efraim rufen:
»Lasst uns hinaufziehen nach Zion!
Wir wollen zum HERRN, unserem Gott, gehen!«

in der Wüste: Hier vermischen sich die Kriegserfahrungen mit der Erinnerung daran, dass Gott sein Volk aus der Sklaverei in Ägypten befreit und auf dem Weg durch die Wüste begleitet hat. Israel: Bezeichnung für das Königreich im Norden (926–722 v. Chr.). Jungfrau Israel: Das Verhältnis zwischen Gott und Israel wird in der Bibel oft als Ehe beschrieben. Hier wird Israel als Jungfrau vorgestellt, mit der der Bräutigam einen Neuanfang wagt. Samaria: Hauptstadt des Nordreichs Israel, 722 v. Chr. von den Assyrern zerstört. Zion: Tempelberg von Jerusalem, aber auch Bezeichnung für die ganze Stadt. mit ihren Vorfahren geschlossen: Meint den Bund, den Gott

Gott schließt einen neuen Bund mit seinem Volk

31 Seht, es kommt eine Zeit,
da werde ich einen neuen Bund schließen.
Mit dem Haus Israel und dem Haus Juda
werde ich ihn schließen.
– Ausspruch des HERRN –
32 Dieser Bund wird anders sein als der Bund,
den ich mit ihren Vorfahren geschlossen habe.
Damals habe ich ihre Vorfahren an der Hand genommen
und sie aus Ägypten geführt.
Aber sie haben meinen Bund gebrochen,
obwohl ich doch ihr Herr war!
– So lautet der Ausspruch des HERRN.
33 In Zukunft soll es einen neuen Bund geben.
Mit dem Haus Israel will ich ihn schließen.
– So lautet der Ausspruch des HERRN.
Und das wird der neue Bund sein:
Ich werde meine Weisung in sie hineinlegen
und sie in ihr Herz schreiben.
Ich werde ihr Gott sein,
und sie werden mein Volk sein.
34 Sie werden einander nicht mehr belehren.
Keiner wird zum anderen sagen:
»Erkenn doch endlich, wer der HERR ist!«
Nein, sie alle werden mich kennen,
vom Kleinsten bis zum Größten.
– Ausspruch des HERRN –
Denn ich werde ihnen ihre Schuld vergeben
und nicht länger an ihre Sünde denken.

mit seinem Volk am Berg Sinai geschlossen hat; vgl. 2. Mose/Exodus 34. Die Gebote Gottes waren damals auf Tafeln aus Stein geschrieben. neuer Bund: Gott verspricht einen Neuanfang. Für Christen ist dieses Versprechen durch Tod und Auferstehung von Jesus Christus erfüllt. Gottes Zusagen gelten jetzt für alle Menschen, die an ihn glauben. in ihr Herz schreiben: Die Gebote Gottes werden die Menschen von innen heraus prägen. Sünde: Die Trennung des Menschen von Gott, seinem Schöpfer. Sie führt dazu, dass der Mensch sein Leben nicht nach Gottes Willen ausrichten kann.

Ja, ich will

Ein Versprechen, das gut überlegt sein will. Bei der Eheschließung sagen zwei Partner Ja zueinander und bekunden ihre Liebe. Sie geloben, ihren Beitrag zum Gelingen der Ehe zu leisten und binden sich rechtlich aneinander. Das ist der Kern zwischen Hochzeitsgarderobe, Feiergesellschaft und exquisiter Verköstigung. Doch bei einem Bund fürs Leben kann es auch schnell kriseln. Diese Erfahrung hat Gott mit seinem Volk gemacht. Denn die Israeliten sind ihrem Gott nicht treu geblieben. Und Gott hat verstanden, dass die Menschen es nicht schaffen, die Verbindung zu ihm so zu halten, wie es der Vertrag erfordern würde. Weil er sich aber untrennbar mit den Menschen verbunden hat, ist er einen neuen Weg gegangen. Davon berichtet Jeremia. Das Besondere an dem neuen Bund ist, dass allein Gottes Treue entscheidend ist. Sein Sohn Jesus gibt stellvertretend das Versprechen der Treue und besiegelt den neuen Bund. Sein „Ja" ist bedingungslos und ewig und kann nicht mehr gebrochen werden. Wie zeigt sich Gottes „Ja" für mich?

JA …
SO SAGEN ES ANDERE

po	Albanisch
iva	Maltesisch
haa	Somali
kyllä	Finnisch
ano	Tschechisch
ndiyo	Suaheli
taip	Litauisch
evet	Türkisch
ya	Indonesisch
sim	Portugiesisch
vâng	Vietnamesisch
ae	Maori

Mein Bibeltagebuch

Mit ewiger Liebe habe ich dich geliebt und habe dir die Treue gehalten.
Jeremia 31,3

FÜRCHTE DICH NICHT!

Matthäus 1,18-25

Jesus wird geboren

18 Zur Geburt von Jesus Christus kam es so:
Seine Mutter Maria war mit Josef verlobt.
Sie hatten noch nicht miteinander geschlafen.
Da stellte sich heraus, dass Maria schwanger war –
aus dem Heiligen Geist.

19 Ihr Mann Josef lebte nach Gottes Willen,
aber er wollte Maria nicht bloßstellen.
Deshalb wollte er sich von ihr trennen,
ohne Aufsehen zu erregen.
20 Dazu war er entschlossen.
Doch im Traum erschien ihm ein Engel des Herrn
und sagte:
»Josef, du Nachkomme Davids, fürchte dich nicht,
Maria als deine Frau zu dir zu nehmen.
Denn das Kind, das sie erwartet,
ist aus dem Heiligen Geist.
21 Sie wird einen Sohn zur Welt bringen.
Dem sollst du den Namen Jesus geben.
Denn er wird sein Volk retten:
Er befreit es von aller Schuld.«

Verlobung: Macht die Verbindung zwischen Mann und Frau rechtsgültig, ohne dass diese bereits zusammenleben. aus dem Heiligen Geist: Die ungewöhnliche Formulierung weist auf die besonderen Umstände des Schwanger-Werdens hin. Der Heilige Geist ist die Kraft, durch die Gott in

22 Das alles geschah, damit in Erfüllung ging,
was der Herr durch den Propheten gesagt hat:
23 »Ihr werdet sehen:
Die Jungfrau wird schwanger werden
und einen Sohn zur Welt bringen.
Dem werden sie den Namen Immanuel geben«,
das heißt: Gott ist mit uns.

24 Josef wachte auf und tat,
was ihm der Engel des Herrn befohlen hatte:
Er nahm seine Frau zu sich.
25 Aber er schlief nicht mit Maria,
bis sie ihren Sohn zur Welt brachte.
Und er gab ihm den Namen Jesus.

der Welt wirkt. **Jesus:** Der Name bedeutet übersetzt »der HERR rettet«. **sein Volk:** Gemeint ist das Volk Israel. **durch den Propheten gesagt:** Zitat aus der griechischen Übersetzung von Jesaja 7,14.

Josef bleibt

Das hat er sich vermutlich anders vorgestellt. Er wollte ein normaler Ehemann einer normalen Frau mit einem normalen Kind in einem normalen Leben sein. Doch es kommt ganz anders. Gott hat andere Pläne für Josef. In den Krippendarstellungen, die wir kennen, gehört er immer dazu. Ohne ihn wäre es keine vollständige Krippe. Aber während Maria das Kind hält, die Engel verkünden und Hirten die Kunde verbreiten, schweigt Josef. Er ist einfach da. Dabei wollte er zunächst nicht da sein. Als er von der Schwangerschaft seiner Verlobten erfährt, die nicht von ihm ihr Kind erwartet, fasst er den Plan, sie zu verlassen. Er will sie nicht bloßstellen und daher heimlich und leise verschwinden. Aber Gott hat andere Pläne für Josef und lässt einen Engel in Josefs Traum sprechen: „Fürchte dich nicht!" Oder anders: „Es hat alles seine Richtigkeit und du bist ein Teil der Geschichte." Josef lässt die Worte „Fürchte dich nicht!" bis in sein Herz vordringen – und bleibt.

KRIPPE
Eine der ältesten Weihnachtskrippen steht in der Sixtinischen Kapelle der Kirche von Santa Maria Maggiore in Rom. Sie wurde 1289 von Arnolfo di Cambio aus Alabaster gefertigt und 1291 dieser Kirche gestiftet. Die Krippe hat die Form eines kleinen Hauses, in dem die Anbetung der Könige dargestellt wird.

Mein Bibeltagebuch

____

____

____

____

____

Doch im Traum erschien ihm ein Engel des Herrn und sagte: »Josef, du Nachkomme Davids, fürchte dich nicht, Maria als deine Frau zu dir zu nehmen. Denn das Kind, das sie erwartet, ist aus dem Heiligen Geist. Matthäus 1,20

DIE WEISEN AUS DEM MORGENLAND

Matthäus 2,1-12

Die Sterndeuter aus dem Osten

1 Jesus wurde in Betlehem in Judäa geboren.
Zu dieser Zeit war Herodes König.
Da kamen Sterndeuter aus dem Osten nach Jerusalem.
2 Sie fragten: »Wo ist der neugeborene König der Juden?
Denn wir haben seinen Stern im Osten gesehen
und sind gekommen, um ihn anzubeten.«
3 Als König Herodes das hörte,
erschrak er und mit ihm alle in Jerusalem.
4 Er rief zu sich alle führenden Priester
und Schriftgelehrten des Volkes.
Er fragte sie: »Wo soll der Christus geboren werden?«
5 Sie antworteten ihm: »In Betlehem in Judäa!
Denn im Buch des Propheten steht:
6 ›Du, Betlehem im Land Juda,
du bist keineswegs die unbedeutendste
unter den Städten in Juda.
Denn aus dir wird der Herrscher kommen,
der mein Volk Israel wie ein Hirte führen soll.‹«
7 Später rief Herodes die Sterndeuter heimlich zu sich.
Er erkundigte sich bei ihnen genau nach der Zeit,
wann der Stern erschienen war.

Herodes der Große: König über Judäa, Samarien, Galiläa und die angrenzenden Gebiete (37–4 v. Chr.). König der Juden: Nachdem das Königreich Israel untergegangen war, hoffte man darauf, dass Gott einen Nachkommen von König David als Retter und Erlöser Israels senden würde. Schriftgelehrte: Menschen, deren Aufgabe das Studium und die Auslegung der Heiligen Schrift ist. Christus: Bedeutet übersetzt »der Gesalbte«. Im Alten

[8] Dann schickte er sie nach Betlehem und sagte:
»Geht und sucht überall nach dem Kind!
Wenn ihr es findet, gebt mir Bescheid!
Dann will auch ich kommen und es anbeten.«

[9] Nachdem die Sterndeuter den König gehört hatten,
machten sie sich auf den Weg.
Derselbe Stern, den sie im Osten gesehen hatten,
ging vor ihnen her.
Dann blieb er stehen,
genau über der Stelle, wo das Kind war.
[10] Als sie den Stern sahen,
waren sie außer sich vor Freude.
[11] Sie gingen in das Haus
und sahen das Kind mit Maria, seiner Mutter.
Sie warfen sich vor ihm nieder und beteten es an.
Dann holten sie ihre Schätze hervor
und gaben ihm Geschenke: Gold, Weihrauch und Myrrhe.
[12] Gott befahl ihnen im Traum:
»Geht nicht wieder zu Herodes!«
Deshalb kehrten sie auf einem anderen Weg
in ihr Land zurück.

Testament werden Könige, aber auch Propheten und Priester bei Amtsantritt gesalbt. Später wird der von Gott zum Herrscher der Welt bestimmte Retter so genannt. Im Neuen Testament ist das Jesus. **im Buch des Propheten steht:** Das Zitat nimmt Worte aus Micha 5,1; 5,3 und 2. Samuel 5,2 auf. **Myrrhe:** Kostbares duftendes Harz eines immergrünen Baums.

Bedrohte Macht

Das ist ja wohl eine absolute Frechheit. 37 Jahre ist Herodes bereits in Jerusalem an der Macht und regiert das ganze Land. Diese Position hatte er sich hart erkämpft, zwar mit Unterstützung und Abhängigkeit der Römer, doch er herrschte. Und plötzlich kommt die Bildungs-Elite aus dem Ausland zu Besuch, um den König zu besuchen. Doch nicht Herodes ist gemeint, sondern ein frisch geborenes Baby, das der König der Juden sein soll. Wie kann das sein? Er zieht doch als Machthaber alle Strippen und das soll auch so bleiben. Nun will auch er wissen, wo das Kind zu finden ist. Augenscheinlich, um es anzubeten, in Wahrheit aber, um die Konkurrenz auszuschalten. Doch der Plan scheitert. Die Astronomen folgen dem Stern und finden den Christus in einem einfachen Stall. Dass Herz geht ihnen vor Freude über. Herodes informieren sie allerdings nicht. Gottes Wort ist stärker. So kehren sie heim mit dem Erlebnis, dass sie den Retter gesehen haben, zu dem sie der Stern geführt hat. Wo wünsche ich mir Gottes Führung?

HEILIGE DREI KÖNIGE
Aufgrund der drei Weihgaben in der Erwähnung in Matthäus 2 wurden ab dem 6. Jahrhundert auch drei Personen hinter den heiligen drei Königen vermutet, die wir seit dem 8. Jahrhundert als Caspar, Melchior und Balthasar kennen.

Mein Bibeltagebuch

„Wo ist der neugeborene König der Juden? Denn wir haben seinen Stern im Osten gesehen und sind gekommen, um ihn anzubeten." Matthäus 2,2

FLUCHT NACH ÄGYPTEN

Matthäus 2,13-23

Die Flucht nach Ägypten

[13] Die Sterndeuter waren gegangen.
Da erschien Josef ein Engel des Herrn im Traum.
Er sagte: »Steh auf! Nimm das Kind und seine Mutter
und flieh nach Ägypten!
Bleibe dort, bis ich es dir sage!
Denn Herodes wird das Kind suchen, um es zu töten.«
[14] Daraufhin stand Josef mitten in der Nacht auf.
Er nahm das Kind und seine Mutter
und zog mit ihnen nach Ägypten.
[15] Dort blieb er bis zum Tod von Herodes.
Dadurch ging in Erfüllung,
was Gott durch den Propheten gesagt hat:
»Aus Ägypten habe ich meinen Sohn gerufen.«

Herodes tötet die Kinder in Betlehem

[16] Herodes merkte bald,
dass ihn die Sterndeuter getäuscht hatten.
Da wurde er sehr zornig.
Er ließ in Betlehem und der Umgebung alle Kinder töten,
die zwei Jahre und jünger waren.
Das entsprach dem Zeitraum,
den er von den Sterndeutern erfragt hatte.
[17] Damals erfüllte sich,
was Gott durch den Propheten Jeremia gesagt hat:

Herodes der Große: König über Judäa, Samarien, Galiläa und die angrenzenden Gebiete (37–4 v. Chr.). durch den Propheten gesagt: Zitat aus Hosea 11,1. Der Vers bezieht sich ursprünglich auf den Auszug des Volkes Israel aus Ägypten. durch den Propheten Jeremia gesagt: Zitat aus Jeremia 31,15-16. Rahel: Frau von Jakob, dem Stammvater des Volkes Israel. Sie

18 »Geschrei ist in Rama zu hören,
Weinen und lautes Klagen.
Rahel weint um ihre Kinder.
Sie will sich nicht trösten lassen,
denn die Kinder sind nicht mehr da.«

Die Rückkehr nach Nazaret

19 Herodes war gestorben.
Da erschien Josef in Ägypten
im Traum ein Engel des Herrn.
20 Der sagte: »Steh auf!
Nimm das Kind und seine Mutter
und geh in das Land Israel!
Denn alle, die das Kind umbringen wollten, sind tot.«
21 Josef stand auf, nahm das Kind und seine Mutter
und kehrte in das Land Israel zurück.
22 Er hörte, dass nun Archelaus König über Judäa war –
anstelle seines Vaters Herodes.
Deshalb fürchtete sich Josef, dorthin zu gehen.
Im Traum bekam er neue Anweisung von Gott.
Daraufhin zog er in das Gebiet von Galiläa.
23 Dort ließ er sich in der Stadt Nazaret nieder.
So ging in Erfüllung,
was Gott durch die Propheten gesagt hat:
»Er wird Nazoräer genannt.«

steht hier für die Frauen der Stadt. **durch die Propheten gesagt:** Ein Prophetenwort mit diesem Wortlaut ist nicht bekannt. Möglicherweise bezieht sich das Zitat auf Jesaja 11,1, wo von einem »Spross« (hebräisch: nezer) die Rede ist, der als Friedensherrscher in die Welt kommt.

Gott auf der Flucht

Gott ist in die Welt gekommen. Das Christuskind geboren. Doch es herrscht keine Idylle in Betlehem. Herodes fühlt sich bedroht und ordnet die Tötung aller Kinder an. Und Josef wird einmal mehr zu einem mutigen Helden, als ein Engel ihm im Traum erscheint und sagt, er solle fliehen. Und Josef zieht los. Ohne zu Zögern setzt er alles auf eine Karte, auch wenn er nicht weiß, ob er und seine Familie diese Flucht überhaupt überstehen. Aber er hat keine Alternative. Der Retter und Erlöser der Welt kam als hilfloses Kind auf die Welt und braucht den Mut anderer. Es scheint, als wäre Gott hier auf der Flucht vor seinen eigenen Geschöpfen. Und selbst, als Herodes gestorben ist und die Familie zurückkehren kann, bleibt das Leben von Jesus bedroht. Er ist der Willkür der Menschen ausgeliefert und sein Weg führt bis zum Tod am Kreuz. Gott liefert sich uns aus.

FLUCHT VOR DEM WEIHNACHTSFEST

Die meisten Europäer sind während der Feiertage im eigenen Land unterwegs. Die Menschen treten oftmals Tage vor Weihnachten die lange Reise zu ihren Lieben an, um mit ihnen die Feiertage zu verbringen. Nahezu jeder Dritte reist an Weihnachten zu Freunden oder zur Familie, während ein Großteil der Bevölkerung jedoch ausschließlich Zuhause feiert. Vor dem Weihnachtsfest fliehen nur wenige. Wen es in die Ferne zieht bevorzugt warme Urlaubsorte und Wintersportgebiete.

Mein Bibeltagebuch

„Steh auf! Nimm das Kind und seine Mutter und flieh nach Ägypten! Bleibe dort, bis ich es dir sage!“ Matthäus 2,13

UMZUGS-UNTERNEHMUNG

Sacharja 2,14-17

14 Juble und freue dich, Tochter Zion!
Denn ich komme und werde in deiner Mitte wohnen.
– Ausspruch des HERRN –
15 Wenn der Tag des Gerichts gekommen ist,
werden sich viele Völker dem HERRN anschließen.
Dann werden sie mein Volk sein,
und ich werde in deiner Mitte wohnen.
Daran sollst du erkennen,
dass es der HERR der himmlischen Heere ist,
der mich zu dir gesandt hat.

16 Der HERR nimmt Juda wieder in Besitz.
Es ist ja sein Eigentum auf heiligem Boden.
Jerusalem macht er zu seiner erwählten Stadt.
17 Alle Welt schweige in der Gegenwart des HERRN.
Denn er tritt hervor aus seiner heiligen Wohnung.

Tochter Zion: Poetische Bezeichnung für die Stadt Jerusalem. Juda: Provinz im persischen Reich. Seit der Eroberung Jerusalems 586 v. Chr. gab es in Israel keine unabhängigen Königreiche mehr. aus seiner heiligen Wohnung: Vom Himmel aus ist Gott nach Jerusalem gekommen und in seinem Tempel erschienen.

Umzug aus der heiligen Wohnung

Gott hätte es einfach haben können. Fernab der allzu menschlichen Wirklichkeit in seiner himmlischen Residenz hätte er das Treiben auf der Erde unbeachtet lassen können. Wer will das schon: Sich mit all dem Leid und dem Elend in der Welt befassen? Gott will. Gott zieht aus seiner behaglichen heiligen Wohnung im Himmel zu den Menschen auf die Erde. Mitten in die Menschlichkeit. Mittendrin, statt nur dabei. Beim Propheten Sacharja ist es der Tempel in Jerusalem, den Gott sich als Wohnort bei seinem Volk wählt. Wenig später wird aus der vorübergehenden Unterkunft im Tempel eine bleibende Statt in der Welt: In seinem Sohn Jesus Christus wird Gott selber Mensch. Seine himmlische Wohnung tauscht er ein gegen einen Stall in Betlehem. Warum tut ein Gott so etwas? Gott kann nicht anders. Gott muss bei seinen Menschen sein, seinen Geschöpfen. Dafür gibt es nur einen einzigen Grund: aus Liebe.

UMZÜGE

Etwa 9,39 Millionen Menschen in Deutschland ziehen jährlich um. Das sind gut 25.000 pro Tag. Knapp 3% der Deutschen tun sich den Umzugsstress sogar mehr als 1 Mal pro Jahr an. Insgesamt legen wir Deutschen bei unseren Umzügen im Durchschnitt jährlich 465 Millionen Kilometer zurück – das entspricht einer Strecke, die 11.578 Mal um die Erde reicht.

Mein Bibeltagebuch

Denn ich komme und werde in deiner Mitte wohnen.
Sacharja 2,14

23

AUF DEM ESEL

Sacharja 9,9-10

Der König wird den Frieden bringen

9 Freue dich sehr, Tochter Zion!
Brich in Jubel aus, Tochter Jerusalem!
Siehe, dein König kommt zu dir,
ein Gerechter und ein Retter ist er.
Er ist arm und reitet auf einem Esel,
einem jungen Esel, geboren von einer Eselin.
10 Dann werde ich die Streitwagen aus Efraim beseitigen
und die Schlachtrosse aus Jerusalem.
Wenn die Waffen des Krieges zerbrochen sind,
wird euer König Frieden stiften unter den Völkern.
Seine Herrschaft reicht vom einen Meer bis zum andern
und vom Eufrat bis ans Ende der Erde.

Tochter Zion: Poetische Bezeichnung für die Stadt Jerusalem. geboren von einer Eselin: Betont die Reinheit der Abstammung im Gegensatz zum Maultier, das eine Kreuzung von Eselhengst und Pferdestute ist. Ende der Erde: Damit könnte hier der Nil gemeint sein. Dann beschreibt der Vers die Nord-Süd-Ausdehnung des wiederhergestellten Israel, vgl. 1. Mose/Genesis 15,18.

Sturer Esel?

Ausgefallene Weihnachtsgeschenke liegen im Trend. Was soll man auch schenken, wenn das Gegenüber bereits alles hat? Dann sind Erlebnisse und Abenteuer eine überraschende Abwechslung. Eselwanderungen beispielsweise. Hierbei führt man einen Esel oder eine Eselin entlang eines Weges. Oder wird vielmehr vom Tier geführt. Denn Esel gelten als stur und die Wanderung mit ihnen soll zur Entschleunigung beitragen. Eine gute Idee für alle gestressten Menschen, die eher durch das Leben rennen und sich selten eine Auszeit nehmen. Das Tier dabei an der Leine zu führen lehrt Besonnenheit, denn eilig darf man es nicht haben. Der König, der auf einem Esel in Jerusalem einreitet, hat es weder eilig, noch will und kann er mit einem prächtigen Pferd protzen. Zu biblischen Zeiten war der Esel das Reit- und Lasttier des einfachen Mannes. Und das ist er: ein König des Volkes. Ein König der Besonnenheit, der Ruhe und Stärke.

FAKTEN ÜBER ESEL

- Bereits vor etwa 5.000 Jahren wurden Esel domestiziert und gehören somit zu den ältesten „Haustieren" der Menschen.
- Im Gegensatz zu Pferden sind Esel keine Fluchttiere. Beim Gehen überlegen sie genau, wohin sie treten und gehen so sicher, dass sie auch auf den gefährlichsten Wegen immer in Sicherheit sind.
- Die Sprache ihres Gegenübers – auch die der Menschen – können sie extrem schnell deuten und entsprechend darauf reagieren.

Mein Bibeltagebuch

Freue dich sehr, Tochter Zion! Brich in Jubel aus, Tochter Jerusalem! Siehe, dein König kommt zu dir, ein Gerechter und ein Retter ist er. Er ist arm und reitet auf einem Esel, einem jungen Esel, geboren von einer Eselin. Sacharja 9,9

DAS WORT WARD FLEISCH

Johannes 1,1-18

Das Wort Gottes von Anfang an

1 Von Anfang an gab es den, der das Wort ist.
Er, das Wort, gehörte zu Gott.
Und er, das Wort, war Gott in allem gleich.
2 Dieses Wort gehörte von Anfang an zu Gott.
3 Alles wurde durch dieses Wort geschaffen.
Und nichts, das geschaffen ist,
ist ohne dieses Wort entstanden.
4 Er, das Wort, war zugleich das Leben in Person.
Und das Leben war das Licht für die Menschen.
5 Das Licht leuchtet in der Finsternis,
aber die Finsternis hat es nicht angenommen.

6 Ein Mensch trat auf, den Gott gesandt hatte.
Er hieß Johannes.
7 Dieser Mensch war ein Zeuge für das Licht.
Alle sollten durch ihn zum Glauben kommen.
8 Er selbst war nicht das Licht.
Aber er sollte als Zeuge für das Licht auftreten.
9 Er, das Wort, war das wahre Licht.
Es ist in die Welt gekommen
und leuchtet für alle Menschen.

10 Er, das Wort, war schon immer in der Welt.
Die Welt ist ja durch ihn entstanden.
Aber sie erkannte ihn nicht.
11 Er kam in die Welt, die ihm gehört.
Aber die Menschen dort nahmen ihn nicht auf.

Wort: Wörtlich »Logos«. Der philosophische Fachbegriff ist im Griechischen männlich (nicht sächlich) und kann deshalb mit einer Person identifiziert werden. Im Johannesevangelium bezeichnet er Jesus, der als Wort bereits vor der Schöpfung bei Gott war und durch den Gott die Welt geschaffen hat. **Licht:** Bild für das Leben, das Jesus Christus als Licht der Welt schenkt. Durch ihn erhalten die Menschen das ewige Leben in unmittelbarer Gemeinschaft mit Gott. **Johannes der Täufer:** Bereitet die Menschen auf das Kommen von Jesus vor. **Glaube, glauben:** Meint das tiefe Vertrauen

12 Aber denen, die ihn aufnahmen,
verlieh er das Recht, Kinder Gottes zu werden.
– Das sind alle, die an ihn glauben. –
13 Kinder Gottes wurden sie nicht durch ihre Abstammung.
Sie wurden es auch nicht, weil ein Mensch es wollte
oder weil sie einen Mann zum Vater haben.
Kinder Gottes wurden sie allein dadurch,
dass Gott ihnen das wahre Leben schenkte.

Das Wort Gottes ist Mensch geworden

14 Er, das Wort, wurde ein Mensch.
Er lebte bei uns, und wir sahen seine Herrlichkeit.
Es war die Herrlichkeit, die ihm der Vater gegeben hat –
Ihm, seinem einzigen Sohn.
Er war ganz erfüllt von Gottes Gnade und Wahrheit.

15 Johannes trat als sein Zeuge auf.
Er rief: »Diesen habe ich gemeint, als ich sagte:
›Nach mir kommt einer, der mir immer schon voraus ist.
Denn lange vor mir war er schon da.‹«

16 Aus seinem Reichtum hat er uns beschenkt – mit überreicher Gnade.
17 Durch Mose hat Gott uns das Gesetz gegeben.
Durch Jesus Christus sind die Gnade und die Wahrheit
zu uns gekommen.
18 Kein Mensch hat Gott jemals gesehen.
Nur der eine, der Mensch geworden ist,
selbst Gott ist und an der Seite des Vaters sitzt –
der hat uns über ihn Auskunft gegeben.

auf Gott, das zu einem Leben nach seinem Willen führt. **wahres Leben:** Durch den Glauben an Gott geschenktes Leben in Gemeinschaft mit ihm. **Wahrheit:** Wahr ist etwas, wenn es hält, was es verspricht. In diesem Sinne ist »wahr«, was von Gott kommt. Als Mensch ist Jesus Zeuge für diese Wahrheit, als Sohn Gottes, der von Gott kommt, ist er die Wahrheit selbst. **Johannes der Täufer:** Bereitet die Menschen auf das Kommen von Jesus vor. **Jesus Christus:** Der Name ist zugleich ein Bekenntnis. Wer Jesus als Christus anerkennt, glaubt an ihn als Retter und Erlöser der Welt.

Das Wort wird Mensch

Am Anfang war die Erde wüst und leer. Und nur, weil Gott sprach, wandelte sich das Chaos in Ordnung und Leben. Gottes Wort ist kein leeres Gerede, sondern schafft echte Veränderung. Der Evangelist Johannes greift dieses Wort auf und erklärt einen mysteriösen Zusammenhang. Denn dieses Wort hat nicht nur Schöpferkraft, sondern ist selbst Leben und Licht. Und es ist greifbar geworden in Gestalt eines Menschen. Aber wieso? Gott hat sich damit ganz auf unsere Augenhöhe begeben. Denn wir wissen, was es heißt, menschlich zu sein in dieser Welt. Wir wissen, wie sich Liebe und Schmerz, Freude und Trauer und Hoffnungslosigkeit anfühlen. Das Wort wurde ganz Mensch so wie wir. Gott ist uns damit so nahe gekommen, wie es nur geht. Das macht einen Neuanfang zwischen Gott und Mensch möglich. Es gibt Hoffnung. Dieses lebensspendende Wort mit dem Namen Jesus Christus kann unser Chaos in Ordnung und Leben verwandeln. Ein Anfang mit Gott ist jederzeit möglich. Auch dieses Weihnachten.

WORTE HABEN MACHT
Studien ergaben, dass allein die Beschreibung von Lebensmitteln das Geschmackserlebnis beeinflussen kann: Gebäck schmeckt besser, wenn es laut Beschreibung nach einem „Rezept der Großmutter" gebacken oder „traditionell" erzeugt wurde.

Mein Bibeltagebuch

____

____

____

____

____

____

Er, das Wort, wurde ein Mensch.
Johannes 1,14

Autor:innen

Claudia Elisabeth Pfeiffer, geboren 1987, hat Evangelische Theologie studiert und im Pfarramt sowie bei der Deutschen Bibelgesellschaft gewirkt. Als Theologische Leiterin beim Marienstift Arnstadt gestaltet sie das geistlich-diakonische Profil.

Franziska Schikora, geboren 1982, hat Germanistik und Kunstgeschichte studiert. Bei der Deutschen Bibelgesellschaft ist sie als Redaktionsleiterin für Webseite und Social Media verantwortlich.

Michael Jahnke, geboren 1967, ist studierter Pädagoge und hat viele Jahre in religionspädagogischen Handlungsfeldern gearbeitet. Bei der Deutschen Bibelgesellschaft ist er für das Bibelprogramm verantwortlich.

IMPRESSUM

Die Deutsche Bibelgesellschaft ist eine kirchliche Stiftung öffentlichen Rechts. Sie übersetzt die biblischen Schriften, entwickelt und verbreitet innovative Bibelausgaben und eröffnet für alle Menschen Zugänge zur Botschaft der Bibel. International verantwortet sie die wissenschaftlichen Bibelausgaben in den Ursprachen. Durch die Weltbibelhilfe unterstützt sie in Zusammenarbeit mit dem Weltverband der Bibelgesellschaften (United Bible Societies) weltweit die Übersetzung und Verbreitung der Bibel, damit alle Menschen die Bibel in ihrer Sprache lesen können. Weitere Informationen finden Sie unter www.die-bibel.de.

ISBN 978-3-438-04851-6

24 Mal Advent und Weihnachten – Mein Bibeltagebuch

Texte: Claudia Elisabeth Pfeiffer, Franziska Schikora, Michael Jahnke
Satz und Gestaltung: Grafikbüro Sonnhüter, Niederkrüchten
Druck und Bindearbeiten: GGP Media GmbH, Pößneck
Printed in Germany

Bildnachweise Shutterstock von Cover und Innenteil: Molibdenis-Studio, außer S. 15: ductru; S. 35: Visual Generation, Kengi; S. 47: erick61; S. 43: vladwel; S. 59: IconBeast.com; S. 63: Irina Adamovich; S. 75: a i r; S. 87: Wise ant, S. 95: StockSmartStart